Graça Santos

COACHING EDUCACIONAL

Ideias e estratégias para professores, pais e gestores que querem aumentar seu poder de persuasão e conhecimento

1ª edição

Direção de projeto
Andréia Roma

Capa, projeto gráfico e diagramação
Roberta Regato

Revisão
Nina Regato

Apoio editorial
Alessandro Roma, Mariana Dias, Rosângela Dias e Sandra Martini

Assistente
Liliana Araujo Evangelista

Impressão
Prol Editora Gráfica

Dados Internacionais de Catalogação na Publicação (CIP)
(Câmara Brasileira do Livro, SP, BRASIL)

Santos, Graça
Coaching educacional : ideias e estratégias para professores, pais e gestores que querem aumentar seu poder de persuasão e conhecimento / Graça Santos. --
São Paulo : Editora Leader, 2012.

Bibliografia
ISBN 978-85-66248-01-2
1. Educação 2. Educação - Brasil 3. Educadores - Formação 4. Ensino
5. Pedagogia I. Título.

12-15351 CDD-370

Índices para catálogo sistemático: 1. Pedagogia : Educação 370

EDITORA LEADER
Rua Cabo Adão Pereira, 330 - sala 3, Pereira Barreto, São Paulo - SP
02936-010 / andreiaroma@editoraleader.com.br
(11) 4113-9464

AGRADECIMENTOS

À mamãe, minha primeira
Coach que sofisticadamente, educou com
simplicidade a mim e aos meus irmãos
Mary, Cleide, Sandro, Sérgio e Adriano.

Ao papai, um homem que é o que pode ser.

À minha Flor que com seu perfume me
oferece a certeza de que estou no caminho
e que devo continuar semeando.

A Você e a TODOS aqueles que,
com suas mentes despertas,
acendem generosamente sua luz
colocando um pouco mais de
graça em minha vida.

ÍNDICE

PREFÁCIO

Conheci Graça Santos em uma viagem de negócios ao Rio de Janeiro, agendamos uma reunião e nos encontramos. Quando nos vimos foi como se nos conhecêssemos há muito tempo.

Lembro-me que saí desta reunião com nosso plano de ação traçado para a publicação de seu livro. O que mais me chamou a atenção em Graça Santos foi sua energia, seu entusiasmo em querer mostrar para o mundo que a educação de nosso Brasil tem solução.

Enquanto ela falava do quanto o coaching poderia mudar nossa educação, eu pensava comigo: “está aí alguém para fazer realmente a diferença”, digo isso pois na educação ou você ama o que faz ou odeia completamente e passa a viver uma vida sem sentido.

Se muitos fossem como autora deste livro, que decidiu deixar sua marca e contribuição para nossa geração, nossa educação seria diferente do que é hoje.

Aprendo todo dia com esta professora, amiga e parceira, que se entregou de corpo e alma para se dedicar e contribuir com sua experiência para uma educação viva.

Esta é a imagem que tenho de uma mulher guerreira, que não se dobrou aos problemas no decorrer de sua carreira, que encontrou saída em cada desafio.

Minha visão é que este livro chegará às mãos de cada professor, aluno e pais que queiram também fazer e ter a diferença em suas vidas.

Uma das coisas que me lembro que Graça disse foi que iria completar 50 anos com mudança total em sua vida. Acredito um pouco mais na educação do Brasil depois de ter conhecido Graça Santos, uma mulher simples e sofisticada ao mesmo tempo e que aonde passa encanta as pessoas com sua graça e alegria de fazer e querer sempre o melhor para todos a sua volta.

Parabéns a você por esta nova etapa em sua vida!

Termino esta homenagem à autora Graça Santos com palavras de Willian Shakespeare.

"Depois de algum tempo você aprende a diferença, a sutil diferença, entre dar a mão e acorrentar uma alma. E você aprende que amar não significa apoiar-se e que companhia nem sempre significa segurança. E começa a aprender que

beijos não são contratos e presentes, não são promessas. E começa a aceitar suas derrotas com a cabeça erguida e olhos adiante, com a graça de um adulto e não com a tristeza de uma criança.

E aprende a construir todas as suas estradas no hoje, porque o terreno do amanhã é incerto demais para os planos, e o futuro tem o costume de cair em meio ao vão.

Depois de um tempo você aprende que o sol queima se ficar exposto por muito tempo. E aprende que não importa o quanto você se importe, algumas pessoas simplesmente não se importam... E aceita que não importa quão boa seja uma pessoa, ela vai feri-lo de vez em quando e você precisa perdoá-la por isso. Aprende que falar pode aliviar dores emocionais.

Descobre que se levam anos para construir confiança e apenas segundos para destrui-la; e que você pode fazer coisas em um instante das quais se arrependerá pelo resto da vida.

Aprende que verdadeiras amizades continuam a crescer mesmo a longas distâncias. E o que importa não é o que você tem na vida, mas quem você tem na vida. E que bons amigos são a família que nos permitiram escolher.

Aprende que não temos que mudar de amigos se compreendermos que os amigos mudam, percebe que seu melhor amigo e você podem fazer qualquer coisa, ou nada, e terem bons momentos juntos. Descobre que as pessoas com quem você mais se importa na vida são tomadas de você muito depressa - por isso, sempre devemos deixar as pessoas que amamos com palavras amorosas, pode ser a última vez que as vejamos.

Aprende que as circunstâncias e os ambientes têm influência sobre nós, mas nós somos responsáveis por nós mesmos. Começa a aprender que não se deve se comparar com os outros, mas com o melhor que se pode ser. Descobre que se leva muito tempo para se tornar a pessoa que se quer ser e que o tempo é curto.

Aprende que não importa onde já chegou, mas aonde está indo, mas se você não sabe para aonde está indo qualquer lugar serve.

Aprende que ou você controla seus atos ou eles o controlarão e que ser flexível não significa ser fraco ou não ter personalidade, pois não importa quão delicada e frágil seja uma situação, sempre existem dois lados.

Aprende que heróis são pessoas que fizeram o que era necessário fazer, enfrentando as consequências.

Aprende que paciência requer muita prática. Descobre que algumas vezes, a pessoa que você espera que o chute quando você cai é uma das poucas que o ajudam a levantar-se.

Aprende que maturidade tem mais a ver com os tipos de experiência que se teve e o que você aprendeu com elas do que com quantos aniversários você celebrou.

Aprende que há mais dos seus pais em você do que você supunha.

Aprende que nunca se deve dizer a uma criança que sonhos são bobagens, poucas coisas são tão humilhantes e seria uma tragédia se ela acreditasse nisso.

Aprende que quando está com raiva tem o direito de estar com raiva, mas isso não te dá o direito de ser cruel. Descobre que só porque alguém não o ama do jeito que você quer que ame, não significa que esse alguém não o ama com tudo o que pode, pois existem pessoas que nos amam, mas simplesmente não sabem como demonstrar ou viver isso.

Aprende que nem sempre é suficiente ser perdoado por alguém, algumas vezes você tem que aprender a perdoar-se a si mesmo.

Aprende que com a mesma severidade com que julga, você será em algum momento condenado.

Aprende que não importa em quantos pedaços seu coração foi partido, o mundo não para para que você o conserte.

Aprende que o tempo não é algo que possa voltar para trás. Portanto, plante seu jardim e decore sua alma ao invés de esperar que alguém lhe traga flores.

E você aprende que realmente pode suportar... que realmente é forte e que pode ir muito mais longe depois de pensar que não se pode mais. E que realmente a vida tem valor e que você tem valor diante da vida!"

Boa leitura!
Andréia Roma

O LIVRO

Quem sou eu para educar?

Nasci no sertão, primeira filha de uma família típica pernambucana com seis filhos. Ainda muito cedom mamãe, uma costureira, ao seu modo apresentou-me os conceitos que ainda hoje me possibilitam o maior número de conexões, mas que principalmente me ensinaram a SER GENTE.

"Escreveu, não leu, o pau comeu", "Quando chegar quero encontrar pronto" e "Só te ensino uma vez". Este é o tripé que estrutura estas conexões e, após os filtros mentais, percebo que mamãe demonstrou sua competência amorosa disseminando os valores universais, projetando-me para um mundo de possibilidades para que eu desenvolvesse as múltiplas potencialidades criativas para resolução de problemas.

Cedo aprendi o significado do verbo cuidar. Cuidar de mim, cuidar da casa, cuidar da roupa. Cedo aprendi a transgredir para SER. "Graça vem cuidar menina!" Ainda ouço o chamado! Ah! Resiliência foi e é uma aprendizagem de superação!

Ao entrar em contato com estas potencialidades percebo que a forma como fui criada vem garantindo a minha busca em direção a um mundo melhor. Sou curiosa e falante! Amo maiêutica! Tenho uma alma animada e principalmente gosto de gente! Ao final deste ano, posso contar que os 34 anos de convivência na e pela EDUCAÇÃO me fizeram uma pessoa melhor, entendendo que a palavra tem poder e que antes de tudo EDUCAR é um ato de amor presente em cada gesto, em cada olhar, em cada toque. Aprendi intensamente sendo mãe.

Ampliando a dimensão sistêmica do meu aprendizado, com papai aprendi os primeiros conceitos de sustentabilidade com ações pedagógicas simples e sofisticadas. "Volte e apague a luz." "Feche a torneira para escovar os dentes".

Sinto-me uma profissional consciente, sei qual é o meu lugar no mundo, afinal, mamãe desempenhou muito bem o seu papel de ser um farol.

Na caminhada em busca do quem sou eu, conheci e convivi com pessoas surpreendentes de áreas diversas que influenciam o eterno e infinito desejo transdisciplinar de me dedicar ao despertar do potencial humano sempre sustentada numa proposta centrada nos valores humanos.

Alguns penduricalhos configuram na jornada acadêmica como Professora, Pedagoga e Orientadora Educacional. Outros, tão ou mais importantes, só poderemos perceber quando caminharmos juntos, ousarmos olhar nos olhos, nos abraçarmos e sentirmos a nossa ecologia pessoal.

Sou Graça Santos, uma cidadã planetária. Vamos caminhar juntos?

Bricolando significados

Sendo filha de costureira, aprendi a costurar algumas peças seguindo um molde recortado no jornal. Inquieta e com o desejo de realizar algo criativo, sem moldes aparentes, pesquisei e aprendi que a confecção de colchas de retalho é uma forma de artesanato consagrada pelo tempo, que foi criada em sua forma moderna pelas mulheres americanas durante o século XVIII. Hoje, como naquela época, as colchas são tecidas com alguns significativos retalhos com diferentes fontes de informação.

Fazendo uso dessa metáfora, convido você a bricolar comigo, lendo, conhecendo, comparando e sem desperdiçar retalhos ou saberes sustentados na sua experiência pessoal, a buscar possibilidades nas novas velhas referências em educação. O nosso grande desafio? Sim! O meu e o seu é o de unir os retalhos, usando a bricolagem como ferramenta antropológica para facilitar o resgate de métodos pedagógicos, reconhecendo que o saber fazer, saber conviver, saber escutar, saber dizer, saber julgar, saber conectar são ações pedagógicas que garantem que a beleza da colcha é o acordo entre conteúdo e a forma como nós a costuramos.

Pesquisando anotações para selecionar os retalhos encontrei este que, em 1997, a resposta a uma autoavaliação na primeira pós-graduação já instigava um empreendimento intelectual que estava por vir.

ABEU Faculdades
Curso de Pós-Graduação em Docência Superior
Disciplina: TENDÊNCIAS PEDAGÓGICAS CONTEMPORÂNEAS
Professor: Júlio César Furtado dos Santos
NOME: Maria das Graças de Lima Souza Santos / Graça Santos

AVALIAÇÃO FINAL

Com base nas aulas, nos textos e na tabela-síntese sobre as Tendências Pedagógicas estudadas, caracterize a sua tendência, definindo os indicadores abaixo:

MINHA TENDÊNCIA PEDAGÓGICA	
INDICADORES	*MINHA DEFINIÇÃO*
Homem	Um ser histórico que se realiza no seu tempo e no espaço; criador de cultura; holístico; ativo.
Mundo	É a grande escola da vida.
Sociedade-cultura	É o resultado da atividade humana em dar respostas aos múltiplos problemas e dificuldades que enfrenta.
Conhecimento	"Iluminação da realidade" que possibilita uma efetiva compreensão e reflexão.
Educação	Ação política que propõe modelos de ensino voltados para a interação dos conteúdos / realidades sociais.
Escola	Deve ter clareza sobre o significado de sua ação e o papel que deve desempenhar no processo.
Ensino-aprendizagem	O conhecimento novo se apóia numa estrutura cognitiva já existente. O processo depende do aluno, do professor e do ambiente.
Relação professor-aluno	Negociação: a "mola mestra" para uma realização horizontal. Educador e educando são SUJEITOS do processo
Metodologia	Relação direta com a experiência do aluno. Interdisciplinaridade
Avaliação	Auto-avaliação, reflexiva, relacional, compreensiva. Deve envolver todos que participam do processo.

No verso da folha, dê uma nota de 0 a 10 (inteira) que você acha que merece nesse módulo. Justifique-a, tendo como critério o quanto você acha que aprendeu sobre o conteúdo ministrado, sua dedicação, seus limites e potencialidades.

Minha avaliação

Com a certeza de que EDUCAÇÃO se faz com seriedade e paixão, persistência e entusiasmo, decidi enfrentar o Curso de Pós-Graduação e mais uma vez desafiar, descobrir e vencer novos limites.

Senti que a cada encontro reconstrui o conteúdo ministrado de acordo com minhas bases cognitivas e a confiança no professor.

Minhas necessidades e motivos, minha forma de ver o mundo, minhas crenças e valores foram de encontro com o formato das aulas, o que fortaleceu meus pontos fortes.

O meu ponto fraco (assumido), foi por motivos pessoais, não ter entregue a avaliação final na data marcada, por isso me dou a nota 9.

GraçaSantos
Em, 11/11/97
Horário 11h50

Inspirada nessas evidências, submeto a verificação da costura dos retalhos, realçando que os tecidos escolhidos refletem a serendipidade sobre a ação pedagógica do Coaching Educacional, proposta principal deste livro.

1. Evolução gráfica do Coaching

(artigo de Douglas Ferreira, Personal & Professional Coaching)

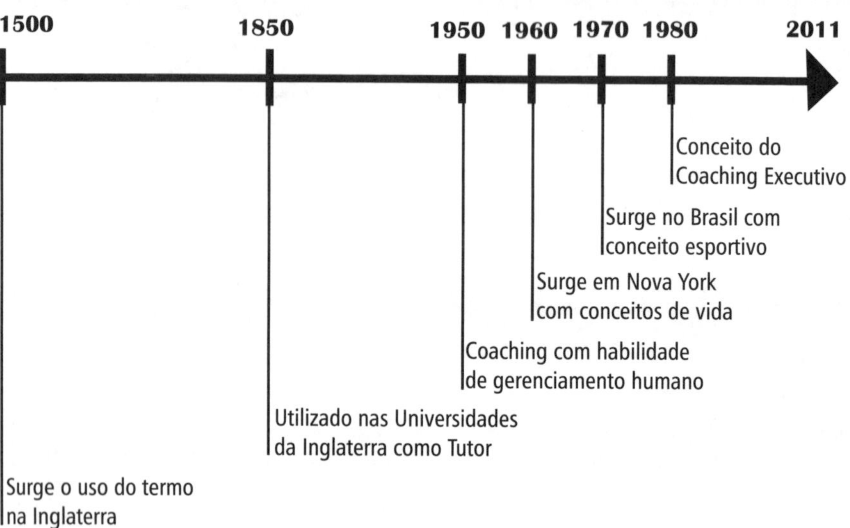

No gráfico temos uma breve referência às datas mais importantes e, como podemos ver, o Coaching já era tema de relatos desde 1500, quando surgiu como forma de descrever o condutor de carruagens na Idade Média, em territórios europeus. Estes condutores foram chamados de cocheiros. Os cocheiros eram profissionais que conduziam seus passageiros para os destinos desejados. Somente em 1850, o mesmo termo foi atribuído a professores e mestres de universidades, principalmente quando se tratava de um tutor, ou aquele indivíduo responsável em auxiliar os estudantes nas preparações de testes e exames diversos. Em 1950, o termo Coach foi usado pela primeira vez como uma habilidade de gerenciamento de pessoas, no qual então, foram introduzidas as primeiras técnicas de desenvolvimento pessoal e humano, valorizando as competências dos indivíduos e relacionando as mesmas ao processo de melhoria continua. Chegamos então ao ano de 1960, quando, em um programa educacional em Nova Iorque, introduziu-se pela primeira vez as habilidades de Coaching de Vida ou Life Coaching. Posteriormente este programa foi introduzido no Canadá, onde foi aperfeiçoado com a introdução de técnicas e ferramentas para a resolução de conflitos e problemas. Neste momento o Coaching começa a ganhar força dentro dos meios empresariais e sua utilidade se mostra mais significativa na década de 80, onde programas de liderança incluiriam o conceito de Coaching Executivo e, a partir deste momento, o Coaching surge como uma poderosa ferramenta de desenvolvimento humano pessoal e profissional, sendo utilizado até os dias de hoje por grandes corporações e seus líderes. No Brasil, o Coaching surgiu na década de 70, por meio de associações com o meio esportivo, para então entrar no mundo dos negócios ainda mantendo seu significado original, de "conduzir" o indivíduo para uma etapa mais avançada de seu mundo. Hoje, o Coaching é utilizado por inúmeras grandes empresas como a Petrobras, Nestlé, O Boticário, HSBC e Banco do Brasil, que obtêm um alto índice de resultado entre seus executivos.

2. Coach, preceptor, supervisor, tutor e mentor: quais são os seus papéis? (por Sergio Holtz, Consultor em Organização de Negócios e Coach)

Na história da educação encontramos sempre a figura da pessoa experiente que auxilia o novato na sua formação. Sim, porque o exemplo fala mais alto! A preocupação com a preparação para o sucesso é uma constante na história da humanidade. Desde a época mais remota, nas tribos primitivas, o aprendizado da maioria das ocupações acontece com o treinamento profissional orientado por um prático. Na Europa da Idade Média, para a obtenção do grau de doutor em medicina, por exemplo, era necessário, no mínimo, um ano de prática ao lado de um médico bem conhecido, além de alguns anos de estudos formais e de outros requisitos. Também no Brasil Colônia, além dos médicos formados em universidades européias, havia aqueles que poderiam praticar a medicina sem a obrigatoriedade de frequentar um estabelecimento de ensino superior. Após certo período de acompanhamento e quando eram considerados aptos por seus mestres, esses aprendizes prestavam exames junto às instâncias administrativas e eram licenciados para a prática médica. Desde então até os dias atuais, profissionais mais experientes, que se ocupam da formação e do aperfeiçoamento de outros, vêm recebendo diferentes denominações, entre as quais preceptor, supervisor, tutor e mentor e, mais recentemente, coach - um anglicismo corrente. Cada um desses termos significa uma grande variedade de funções, intervenções e atividades ligadas à educação em geral, e a proximidade semântica entre esses nomes pode gerar confusão, de modo a não sabermos ao certo qual é a função que cada um deles exerce.

Preceptor é usado desde o século XVI para designar aquele que dá preceitos ou instruções, educador, mentor, instrutor. Hoje também serve para designar aquele profissional que não é da academia e que tem importante papel tanto na inserção quanto na socialização do seu preceptado no mercado de trabalho.

Supervisor, no dicionário, é aquele que dirige, controla, vigia, cuida de tudo e se responsabiliza para que tudo se faça corretamente e de maneira segura. No mundo do trabalho, é usado principalmente pela administração e pela engenharia de produção, com foco especial no âmbito das organizações industriais. Representa todos os níveis de comando na estrutura dessas organizações incumbido de algum planejamento e controle, que ficam entre a direção e o nível de execução.

Tutor (do latim tutor, oris) é um termo do direito romano, atribuído àquele que se encarregava de cuidar de um incapaz (como um órfão, por exemplo). Em português, a palavra já era usada no século XIII e tinha o significado de guarda, protetor, defensor, curador; significa também aquele que mantém outras pessoas sob sua vista, que olha, encara, examina, observa e considera; é o que tem a função de amparar, proteger e defender, é o guardião, ou aquele que dirige e governa. Para os ingleses, pode significar um professor para pequenos grupos, que presta atenção especial nesses alunos; e pode significar, ainda, um professor para adultos ou com papel especial na escola. Na agricultura, é designação para a estaca que ampara uma planta frágil durante seu crescimento. Como se vê, em qualquer acepção, pertence ao campo semântico da proteção.

Mentor (do latim mentor, oris, do antropônimo grego Mentor) é hoje aquele que serve como experiente conselheiro, como guia e sábio. É aquele que estimula, inspira, cria ou orienta ideias, ações, projetos e realizações. A palavra é derivada (por metonímia) de Mentor, personagem da Odisseia, poema escrito por Homero no século VIII antes de Cristo. Esse poema conta a história do retorno do rei Ulisses (ou Odisseu) à sua terra, Ítaca, após a vitória na guerra de Tróia. Mentor é amigo e conselheiro do rei. Quando partiu para a guerra, Ulisses confiou sua mulher Penélope e seu filho Telêmaco a Mentor. Passaram-se 20 anos; a família de Ulisses está humilhada e cerceada pelos pretendentes ao trono de Ítaca. O poema mostra o desenvolvimento de Telêmaco e a importância de Mentor para o seu desenvolvimento. Outro exemplo é encontrado na história do rei Artur, que foi educado por um mentor, Merlin.

Coach. Mais um anglicismo conveniente? Bem, tem sido mais fácil dizer o que não é do que precisamente o que é - não é treinamento de atletas, não é consultoria, não é tutoria, não é psicoterapia, aconselhamento também não. Não, não é aconselhamento. Coach quer dizer cocheiro, aquele que conduz a carruagem.

Assim, coaching é um contexto, uma metáfora que possibilita a mudança de onde uma pessoa está para aonde ela quer chegar, de quem ela é para quem ela quer ser. Os clientes vêm ao coach porque querem ajuda para efetuar mudanças. Não são as mudanças físicas, como as que poderíamos obter ao ir a um cabeleireiro ou um cirurgião plástico. Assim, os coaches se encaixariam na categoria geral de "agentes de mudança psicossocial"?

3. Princípios do Coaching e sua aplicabilidade na efetividade de técnicos esportivos (por Cláudio Miranda da Rocha Departamento de Educação Física do Centro Universitário Nove de Julho (UNINOVE))

O Coaching já é um conceito gerencial bastante usado por professores, pesquisadores e profissionais estrangeiros da área administrativa e, segundo Flaherty (1999), representa "um meio de trabalhar com pessoas que as torna mais competentes e mais realizadas, de modo que sejam mais capazes de contribuir para suas organizações e encontrar significado no que fazem". De modo bem similar, Chiavenato (2002), um dos poucos brasileiros que tem se aventurado a escrever sobre o tema, diz que ele é "um relacionamento que provoca novas competências" e que "agrega valor à organização e ao cliente".

King & Eaton (1999) enxergam "coaching" como um processo aberto que analisa a situação presente, define os objetivos de rendimento, combina fontes pessoais, organizacionais e externas e, então, implementa um plano para o alcance desses objetivos. E complementam informando que este processo tem como objetivo desenvolver e aproveitar os talentos individuais das pessoas na organização, a fim de que alcance objetivos específicos para ambas as partes.

"Coaching" é um conceito administrativo pós-moderno que parece ser de extrema utilidade para instrumentalizar e tornar cada vez mais efetivos técnicos esportivos no seu papel de gerenciar e liderar equipes. Curiosamente, a origem do "coaching" administrativo foi o esporte. Chiavenato (2002) conta que os primeiros preparadores técnicos esportivos surgiram na Grécia, na época e por influência de Sócrates (470 a.C. - 399 a.C.). Nestes tempos, os gregos praticavam esportes formalizados e tinham os jogos olímpicos como um evento periódico. A esses preparadores dava-se o nome de "coaches", no singular, "coach".

4. Etmologia da palavra aula

A origem é do Latim, aula, significando "pátio do palácio onde se reúnem as pessoas para discussões".

5. Etimologia da palavra aluno

Segundo a etimologia, o termo aluno significa literalmente "criança de peito", "lactante" ou "filho adotivo" (do lat. alumnus, alumni, proveniente de alere, que significa "alimentar, sustentar, nutrir, fazer crescer"). Daí o sentido de que aluno é uma espécie de lactente intelectual; e não alguém "sem luz", como afirma uma etimologia falsificada que lê "a" como prefixo de negação (note que o prefixo é grego) e "lun"como proveniente do latim lumen, luminis (luz). O termo aluno aponta, portanto, para a ideia de alguém imaturo em determinado assunto, que precisa ser alimentado na boca e exige ainda muitos cuidados paternais ou maternais. Por vezes, usa-se o termo aluno como sinônimo de estudante, uma pessoa que se ocupa do estudo, relativas a um aprendizado de qualquer nível. No entanto, o estudo pode ser uma atividade individual, sem recurso a professores. Faz-se distinção, portanto, entre aluno e estudante. A palavra estudante (do verbo estudar) designa o indivíduo que se empenha em algum tipo de estudo, que busca o alimento intelectual por conta própria, podendo fazer isto de maneira individual ou sem recurso a professores. Em sentido figurado ou metafórico, porém, aluno significa simplesmente "discípulo" ou "pupilo", alguém que aprende de forma coletiva em estabelecimento de ensino pela mediação de um ou vários professores.

6. Coach e Coachee

Segundo o presidente da Sociedade Latino Americana de Coaching, Sulivan França, o coaching é um processo pragmático que reúne duas pessoas (coach e o coachee) em busca de crenças e valores pessoais. Dentre os objetivos do coaching, França destaca a capacidade de desenvolver competências específicas para o desempenho de atividades. "No processo de coaching são utilizadas ferramentas de acesso para o levantamento de competências, perfil comportamental ou inteligência emocional.

7. Coaching, para quem?

Ao contrário dos Estados Unidos, no qual o coaching começou a ser aplicado aos profissionais do esporte, no Brasil, profissionais da área de humanas, principalmente administradores e psicólogos, utilizaram primeiramente o coaching. Na Sociedade Latino Americana de Coaching profissionais da Educação Física aparecem em terceiro lugar no uso da ferramenta.

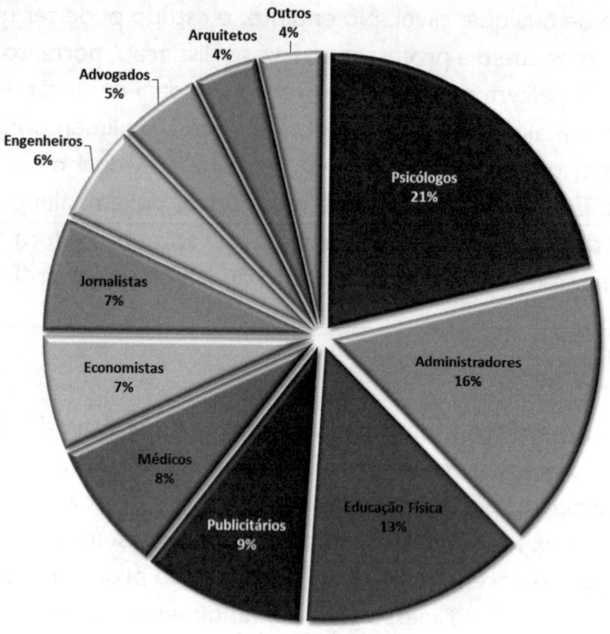

O processo é recomendado especialmente aos profissionais que acabaram de ser promovidos, por desenvolver a capacidade de liderança, e a quem perdeu o emprego e está em busca de recolocação, por restabelecer a autoestima e a autoconfiança do profissional e proporcionar a autoavaliação. Para quem busca direcionar a carreira ou está em fase de escolhas profissionais, o coaching é válido por dirimir ou eliminar erros. "Quanto antes o jovem estiver comprometido com os seus objetivos e valores, mais empregável ele será. Assim como o coaching, a empregabilidade também é um processo".

8. Primeira pesquisa mundial de clientes de Coaching da International Coach Federation. (realizada pela PricewaterhouseCoopers e Association Resource Centre Inc. em jul 2009)

"Este estudo foi o projeto de pesquisa global mais ambicioso já realizado", disse Tweedie. "Buscamos informação de valor em todo o mundo sobre a profissão de coach, do ponto de vista do cliente de coaching (coach). Os resultados revelaram que a ajuda de coaching gera um retorno sólido do investimento para as empresas e cria mudanças positivas nas metas do coach e de empresas. Destaca ainda que o estudo mostra claramente que os coaches estão fazendo um bom trabalho e os clientes estão buscando uma mudança positiva para suas metas. 80% dos clientes de coaching relataram que tiveram uma mudança positiva na sua autoestima/confiança devido a esta parceria com um coach profissional. Além de aumentar a autoestima e a autoconfiança, os participantes também relataram ter um impacto positivo nos relacionamentos, habilidade de comunicação, relacionamento interpessoal, desempenho do trabalho e divisão trabalho e vida pessoal devido a parceria com coaches. A maioria, 82,7% dos que tiveram ajuda do coach profissional, relatou estar muito satisfeito com a experiência, e 96,2% repetiriam a experiência. O Relatório Final do Estudo de Cliente Global da ICF pode ser adquirido no Coachfederation.org. O Relatório Final contém um resumo executivo e todas as conclusões obtidas com o estudo. A ICF define coaching como uma parceria de pensamento provocador com os clientes e um processo criativo que os inspira a maximizar seu potencial pessoal e profissional.

9. Sobre o perfil do professor, o pedagogo, o coach e o coachee, dependendo do lugar que ocupa, evidencio algumas provocações à luz do sentido filosófico fundadas na leitura do livro "A cabeça bem feita – repensar a reforma, repensar o pensamento", de Edgar Morin.

Na atualidade espera-se um professor e um aluno estrategista, que procura incessantemente reunir as informações colhidas e os acasos encontrados durante o percurso. Todo o nosso ensino tende para o programa, ao passo que a vida exige estratégia e, se possível, descobrir coisas agradáveis por acaso e arte. À medida que as matérias são distinguidas e ganham autonomia, é preciso aprender a conhecer, ou seja, a separar e unir, analisar e sintetizar, ao mesmo tempo. Daí em diante, seria possível aprender a considerar as coisas e as causas. A transmissão exige, evidentemente, competência, mas também requer, além de técnica, uma arte. Exige algo que não é mencionado em nenhum manual, mas que Platão já havia acusado como condição indispensável a todo ensino: o Eros, que é, a um só tempo, desejo, prazer e amor. Exige ainda o olhar extradisciplinar que crie nele um estado interior e profundo, uma espécie de polaridade de espírito que o oriente mostrando que ensinar a viver necessita não só dos conhecimentos, mas também da transformação, em seu próprio ser mental, do conhecimento adquirido em sapiência, e da incorporação dessa sapiência para toda a vida. Na educação, trata-se de transformar as informações em conhecimento, de transformar o conhecimento em sapiência, isso se orientando segundo as finalidades aqui definidas. Submeto à verificação os seguintes teoremas:

• **Marcel Proust** que dizia: "Uma verdadeira viagem de descobrimento não é encontrar novas terras, mas ter um olhar novo".

• **Jacques Labeyrie** sugeriu que: "Quando não se encontra solução em uma disciplina, a solução vem de fora da disciplina".

• **Eurípide** conclama que: "Os deuses nos inventam muitas surpresas: o esperado não acontece, e um deus abre caminho ao inesperado".

• Sobre dúvidas e incertezas **Martin Heidegger** diz que: "O corpo de ensino tem de chegar aos postos avançados do mais extremo perigo que é constituído pela permanente incerteza do mundo".

•E, finalmente, **Heráclito** chama atenção para que estejamos preparados para o inesperado: "Se não esperas o inesperado, não o encontrarás".

10. Escolas de Coaching

A ferramenta de coaching é o resultado de uma síntese de vários campos do conhecimento, como treinamento e aprendizado de adultos (andragogia), gestão de mudança, potencial humano, psicologia, teorias comportamentais, pensamento sistêmico, neurociência, entre outros. Cada um destes campos possui modelos teóricos e abordagens próprias de coaching, formando assim um rico painel de possibilidades e formas de aplicá-lo. O BLOGSFERAS apresenta uma síntese dos modelos encontrados no Brasil.

PNL	Fornece conhecimentos e técnicas capazes de dar uma nova e promissora visão sobre si mesmo e sobre o caminho pessoal e profissional. Esta linha utiliza programação neurolinguística como base.
COMPORTAMENTAL	Abordagem integrativa fundada nas ciências comportamentais, que tem como foco de trabalho a transferência de aprendizado para a vida prática, através de mudanças comportamentais sustentáveis.
G.R.O.W.	Neste método cada letra refere-se a uma etapa do processo de desenvolvimento. São elas: Goal (meta – o que você quer?); Reality (realidade – o que está acontecendo agora?); Options (opções – o que você pode fazer?); Will (ação futura – o que você fará?). Assim, trata-se de um método baseado na força de vontade do indivíduo.
NEUROCOACHING	Reúne as disciplinas biológicas que estudam o sistema nervoso, tais como a anatomia e a fisiologia do cérebro, correlacionando-as com disciplinas que explicam o comportamento, o processo de aprendizagem e a cognição humana, bem como os mecanismos de regulação do organismo.
FILOSÓFICO	Prioriza a modificação comportamental do cliente através da percepção da realidade dos fenômenos por meio de diferentes olhares. A partir dessas várias visões, o indivíduo é levado a escolher a melhor estratégia para superar dificuldades e alcançar metas e objetivos.
ONTOLÓGICO	Trabalha fundamentalmente no DOMÍNIO DO "SER", produzindo mudanças no tipo de observador que uma pessoa é. Uma vez que as mudanças ocorrem na pessoa (e por ela mesma), sua perspectiva aumenta e ela se torna um observador diferente se tornando capaz de realizar ações diferentes e conseguindo resultados diferentes nunca antes alcançados por ela.

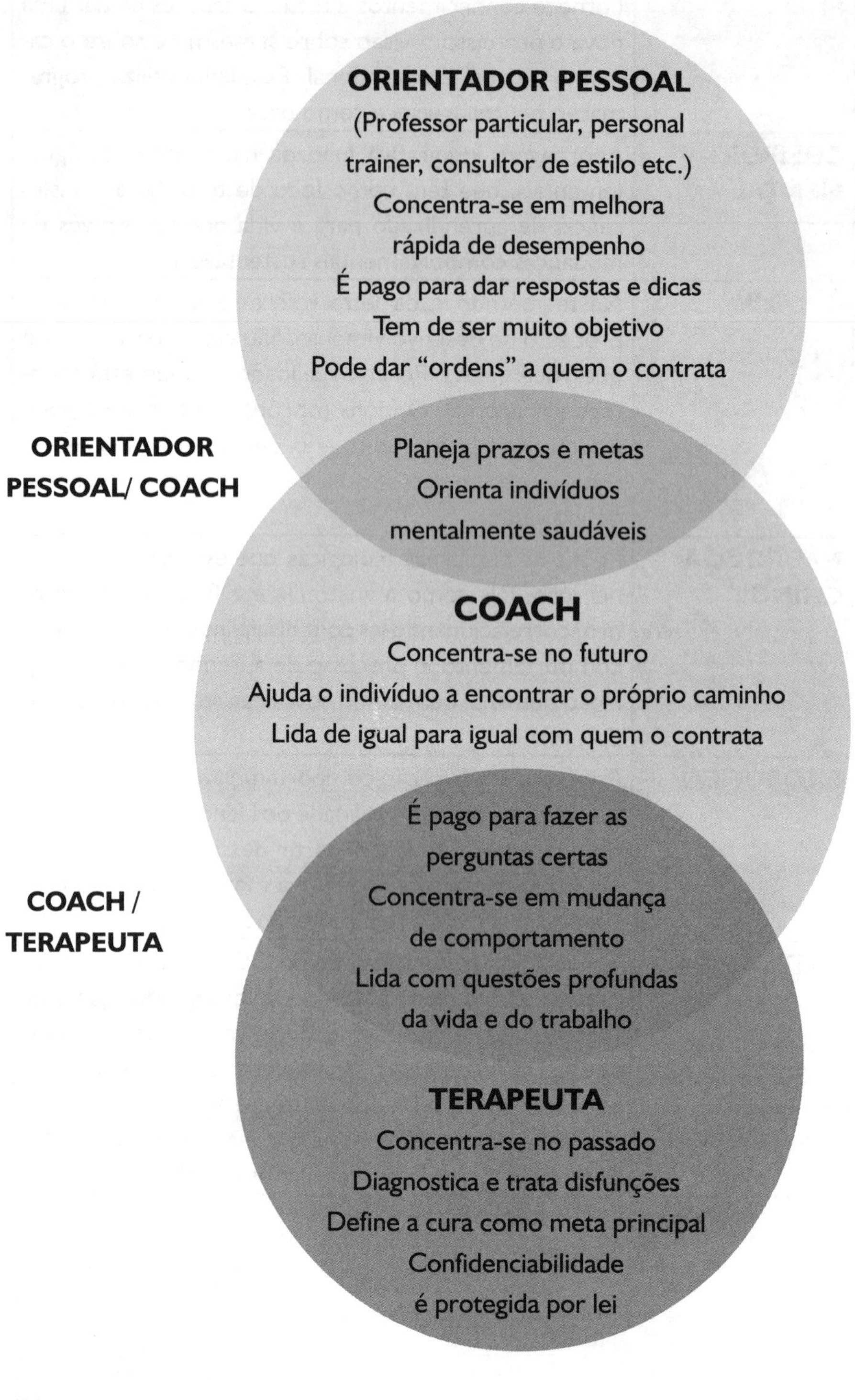

ORIENTADOR PESSOAL
(Professor particular, personal trainer, consultor de estilo etc.)
Concentra-se em melhora rápida de desempenho
É pago para dar respostas e dicas
Tem de ser muito objetivo
Pode dar "ordens" a quem o contrata

ORIENTADOR PESSOAL/ COACH
Planeja prazos e metas
Orienta indivíduos mentalmente saudáveis

COACH
Concentra-se no futuro
Ajuda o indivíduo a encontrar o próprio caminho
Lida de igual para igual com quem o contrata

COACH / TERAPEUTA
É pago para fazer as perguntas certas
Concentra-se em mudança de comportamento
Lida com questões profundas da vida e do trabalho

TERAPEUTA
Concentra-se no passado
Diagnostica e trata disfunções
Define a cura como meta principal
Confidenciabilidade é protegida por lei

2

Costurando fios e tramas

Neste capítulo você conhecerá a costura do registro da reflexão de alunos que ousaram vivenciar, compreender e cocriar situações e projetos, agindo ativamente para compreensão e o entendimento de suas habilidades e competências, e no que deveriam fazer para sair do estado atual para o estado desejado por meio de projetos e ações pedagógicas contextualizadas. O caminho inicial sempre foi diálogo e a reflexão baseada no contexto, que ora era apresentado pelos professores. Em todos os casos apresentados você perceberá a relação de confiança entre professor e aluno na criação de uma experiência horizontal de ensino e aprendizado.

CASO 1

O quê	**Seminário: Aprendendo a pensar e ser criativo.**
Por quê	Os professores queixavam-se da ausência de hábitos eficazes e eficientes de estudos.
Para quem	Alunos de três turmas da Educação Básica – 5° ano de escolaridade e seus respectivos professores.
Para quê	Demonstrar que o aluno está pronto para aprender algo do professor na mesma medida em que o professor está pronto para aprender algo do aluno.
Como fiz	Acolhendo a curiosidade dos alunos sobre o significado de um seminário, projetei a realização de um seminário que evidenciasse o papel das estratégias metacognitivas na potencialização da aprendizagem, demonstrando modos eficazes para lidar com a informação proveniente do meio e com os próprios processos de pensamento, incentivando o amor pela leitura.
Quando	Março de 2007.
Pergunta-chave	O que aprendi com este seminário?
Palavras-chave	Estilos de leitura; atenção; concentração; foco; vontade; capacidade; oralidade; reflexão; metacognição; estratégias metacognitivas; aprendizagem; protagonismo; autoconhecimento; criatividade; surpresa e felicidade.

Resultados:

Eu aprendi hoje no seminário que devemos ser uma águia e não uma galinha, porque a águia pensa grande e voa alto. Já a galinha não voa, não faz nada para ajudar os outros e ainda por cima pensa pequeno. Aprendi também que devemos educar nossa vontade e pensar duas vezes antes de fazer qualquer coisa. Também aprendi a ter respeito, a anotar tudo o que é importante e a comprar as coisas. (L. Turma 401)

....

Eu aprendi a anotar, a estudar, a comparar, a observar, a viver etc. Hoje, o seminário foi muito legal, gostei muito. O seminário foi muito criativo. Eu gostei da história da galinha e da águia. Essa história, no final, me deixou confuso na parte do quem é você? Eu sou os dois porque quando às vezes "brigo" com meu irmão, eu fico sério e começo a atacar como se fosse a minha presa e quando sou galinha eu fico muito engraçado. O seminário é legal. As coisas que eu aprendi foram incríveis. (D. - Turma: 401)

....

Eu aprendi no seminário a anotar. Aprendi a ser mais criativa e a raciocinar mais. (A. - Turma: 401)

....

Eu achei o seminário um grande aprendizado porque foi muito criativo e muito legal. Eu quero que se repitam muitas variadas vezes. Adorei a professora Graça e aprender a escrever, estudar e, principalmente, a viver. Por isso que eu quero que se repita várias vezes. (J. O. M. - Turma: 401)

....

Eu achei o seminário muito importante. Aprendi a pensar, observar, viver melhor, adotar a educação e comparar a diferença. Achei isso muito divertido e adoraria ter mais seminários. (F. M. M. - Turma: 401)

....

Eu aprendi a viver o dia a dia, comparar as coisas, as pessoas. Eu conheci um pouco mais de mim. A ter opinião própria, a pensar e refletir os meus pensamentos e opiniões. Este seminário foi muito importante para mim e eu espero que seja assim com todos os outros que vierem à frente. (B. M. - Turma: 401)

....

Eu aprendi no seminário que quando pensamos temos que nos concentrar e temos momento para ouvir e aprendermos muitas coisas, pois é um modo de aprender a pensar e ser criativo. Aprendi que há dois tipos de características: águia séria e brava e a galinha boba e brincalhona. (G. C.- Turma: 401)

Eu achei muito bom o seminário. Aprendi que devemos respeitar os outros, ver o que tem de melhor dentro de mim. Aprendi também que para ser alguém na vida tem que estudar, se dedicar, perguntar e tentar descobrir coisas que quisermos saber. Em outras palavras, estou doida para outro seminário. Adorei aprender com a tia Graça! (F. L. O. M. - Turma: 401)

Eu achei muito bom porque eu aprendi a pensar e ouvir. Devemos estar atentos às coisas ao nosso redor, refletir. Aprendi com a tia Graça a prestar mais atenção em tudo e também viver, porque não é só na escola que se aprende, mas em casa, no clube, pois em todo lugar podemos aprender coisas novas. Aprender com a tia Graça é muito bom. (B. M. - Turma: 401)

Eu aprendi no seminário muitas coisas. Ele me ajudou mais a conviver. Ele me ensinou a estudar, comparar e viver etc. (F. - Turma: 401)

Eu aprendi sobre várias coisas como: as diferenças, aprender a ouvir e a refletir, uma metáfora da condição humana e como aprender: escrevendo, vivendo, lendo, observando, estudando, anotando, ouvindo e comparando. (C. - 4ª série)

Aprendi a pensar. Aprendi a viver. Aprendi a refletir. Aprendi a pensar antes de tomar atitudes. Em minha opinião o seminário foi ótimo, porque aprendemos muitas coisas legais e importantes para o nosso dia a dia. Eu quando ouvi este seminário eu pensei: irei mudar meu comportamento a partir de hoje e eu irei fazer todos as coisas que estão acima que são: pensar, ouvir, refletir etc.(J. F. - Turma: 401)

O que aprendi? 1 – Aprendi a ter capacidade e vontade de saber o que vem em minha mente. 2 – Aprendi a ser uma amiga verdadeira e saber quem é verdadeiro (a) e acreditar em mim. 3 – Aprendi como melhorar a minha vida e a vida de *todo mundo, o melhor possível. (J. F. - Turma: 401)*

Eu achei muito legal. Aprender o que é seminário, porque aprendemos coisas que não podemos esquecer e que pode servir para a felicidade. Eu aprendi a viver. Aprendi o que é prestar atenção de verdade e muitas outras coisas. Todos os alunos agiram como adultos. Isso foi legal. Foi muito legal mesmo. Espero que tenha outro seminário. (L. - Turma: 401)

....

Achei bem interessante falar e discutir sobre as prioridades e dificuldades dos alunos. Testar nossa sabedoria. Gostei muito. Tomara que tenha mais porque levaremos isso para a vida inteira. (T. R. P. – Turma 401)

....

Eu achei legal e bom. Eu aprendi muitas coisas como: viver e outras coisas maravilhosas. (L. - Turma: 401)

....

Eu aprendi a refletir, viver, estudar, ler, memorizar, ouvir, respeitar os colegas e os pais. E o mais importante: vontade, atitude e educação. Aprendi o que é um seminário. Eu gostaria de agradecer pelo livro que todos vocês me deram. Obrigado. Obrigado Graça. (N. C. - Turma: 402)

....

Eu aprendi a ser mais pensativa antes de fazer coisas. Também aprendi a ser mais gentil. Tia, adorei o jeito que você ensina. (J. - Turma: 401)

....

Eu aprendi no seminário que eu tenho que escutar, pensar antes de fazer as coisas para não fazê-las erradas, que tem que prestar atenção quando alguém estiver falando e tem que controlar sua vontade para não exagerar. Eu achei muito legal e aprendi muito. Também aprendi a observar tudo ao seu redor igual a águia. (T. - Turma: 401)

....

Errar e aprender. Educar para receber educação. Querer aprender e pensar. Ter atitude de educar. Vontade de fazer e aprender coisas que nunca fizemos. Vamos realizar. Refletir, agir com vontade e amizade. Lealdade sempre com as pessoas. (J. S. - Turma: 401)

....

Eu gostei, achei muito legal esse seminário. Além disso, aprendi coisas novas como: ter autocontrole e não fazer besteiras. Respeitar meus pais etc. Gostei

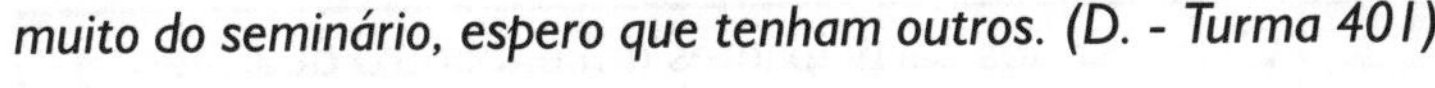

muito do seminário, espero que tenham outros. (D. - Turma 401)

· ·

Eu aprendi nesse seminário, que devemos pensar antes de tomar atitudes, a ouvir e a refletir, a educar a vontade, a prestar atenção etc. Eu achei isso muito legal, é importante, achei também que tudo que eu aprendi nesse seminário vai servir para a minha vida inteira. (V. O. M. - Turma: 401)

· ·

Eu adorei porque eu aprendi a pensar, a refletir e a observar as coisas que acontece ao meu redor. Eu amei! Foi importante para nós aprendermos a viver. Seminário é importante! (A. L. F. A. - Turma: 401)

· ·

Eu aprendi que o seminário nos ajuda a refletir nossas vidas e quanto podemos mudá-la. (P. P. - Turma: 401)

· ·

Eu aprendi muitas coisas hoje no seminário. Aprendi a viver, prestar atenção, educar a vontade e a memorizar. E gostei muito. Vou levar para o resto da vida. (A. L. S. C. S. - Turma 401)

· ·

Os relatórios evidenciam aspectos essenciais para despertar os alunos para o prazer de estudar.

CASO 2

O quê	**Workshop entre professores e alunos.**
Por quê	O baixo aproveitamento e a indisciplina escolar como os impasses fundamentais vividos no cotidiano escolar brasileiro, tomando como recorte a emergência dos "alunos-problema" como uma das principais justificativas empregadas pelos educadores.
Para quem	Alunos de turmas da Educação Básica – Ensino Médio Integrado a Educação Profissional.

Para quê	Oferecer aos participantes um encontro dedicado ao potencial humano, ao autoconhecimento fundamentado em valores humanos, trabalhando explicitamente a ética da convivência.
Como	Por meio de vivências os participantes foram inspirados a se conectarem com eles mesmos, em seguida, ele ao espaço de atuação, no caso, escola e sala de aula, e finalmente a proposição coletiva de uma nova trajetória flexível, mais cooperativa, mais competente e amorosa.
Quando	Início do 2° semestre letivo.
Pergunta-chave	Como me senti e o que vou fazer aqui por diante?

O encontro foi muito importante porque foram falados vários assuntos e esclarecidos problemas que haviam na sala de aula. Falta de respeito, algazarra e outros mais. Sei que não estava correspondendo como deveria nas aulas. Eu e meus amigos extrapolamos nas brincadeiras erradas e este foi um dos principais assuntos neste encontro. Os professores demonstraram companheirismo, respeito e carinho e isto me mobilizou bastante. (P. C. M. - Eletrônica)

....

Até pouco tempo atrás, não havia um sentido para assistir às aulas. Aliás, não havia nexo para nada em minha vida. As aulas não prendiam minha atenção, não conseguia discernir o certo do errado. Só tinha em mente ter que estar fazendo algo e não me importava se era certo ou errado. Não havia mais o porquê de estar aqui nesta sala. Até que todos decidiram fazer algo para melhorar esta situação que não era só comigo, e nesse dia vi que a vida não pode ser assim. A partir desse dia tudo me modificou. Parece que literalmente "lavou minha alma". Agora tenho certeza de que sou outro e a cada minuto tento buscar esses dois meses perdidos. Agora não sou mais aquele rapaz que vinha por vir às aulas. Concluindo, sou outro! (G. C. C. - Eletrônica)

....

A turma precisa disso. Eu particularmente estava me sentindo insensível, apática, mas eu consegui chorar e percebi que ainda sou capaz (apesar de tudo) de me comover. (C. S. F. - Enfermagem)

As coisas vão melhorar, tenho certeza. Seu trabalho está sendo muito bom para a turma. Não pare até terminá-lo. (M. L. F. - Eletrônica)

....

Em primeiro lugar quero agradecer muito pelo trabalho que fez. Achei que foi uma atitude radiante da sua parte. A turma agora está super legal. (G. D. S. - Enfermagem)

....

A dinâmica fez com que meu orgulho não interfira nas minhas atitudes. (E. R. - Enfermagem)

....

Tocou meu coração profundamente. (anônimo)

....

Não preciso ser coerente para "ver" o que estava acontecendo, porque era óbvio, mas preciso ser coerente para saber que devo mudar a partir de agora, antes que seja tarde demais. (J. F. S. S. - Eletrônica)

....

Estes encontros vêm ajudando bastante a todos e a mim, principalmente. Antes eu não falava com algumas alunas e não me dava bem com os professores. Eu achava que os professores tinham por obrigação acertar tudo, nunca errar, nem mesmo pedir ajuda ao aluno. A minha relação professor X aluno era muito distante. Hoje vejo que eles são pessoas como eu, com problemas, coração, erros, acertos. Isto tudo percebi com a ajuda desses encontros. (V. C. - Enfermagem)

....

Eu me senti imensamente satisfeita, primeiro pela reação e colaboração dos alunos e professores. Por meio daquele encontro pude perceber que realmente havia necessidade de uma integração e conscientização da turma para que todos pudessem ver que não só os alunos, mas também os professores, sentiam muito ao ver que a turma estava totalmente desinteressada, desmotivada e sem controle até mesmo com os próprios sentimentos e que não sabiam como expressar. Bom, vou parar de escrever, vou acabar chorando. (J. B. S - Eletrônica)

....

Antes do encontro a turma estava indo de mau a pior, muitas pessoas não se falavam. Existiam vários grupos separados. Não havia união. Agora eu acho que nós vamos melhorar, sem barreiras entre nós e os professores, vamos alcançar nossas metas e objetivos. (C.V. N. S. - Eletrônica)

....

A imagem da turma abraçada vai ficar para sempre na minha memória. (A. M. - Enfermagem)

....

A parte que eu mais gostei foi a dos abraços. Em minha opinião neste momento transmitimos muita energia. Dá até para sentir o que a pessoa está sentindo no momento. (L. S. C. - Eletrônica)

....

Pelo menos eu melhorei muito com este encontro. "Acordei" para a vida. Vi como os professores estão tentando ser nossos amigos. (R. F. - Eletrônica)

....

Nossa turma até antes daquele encontro parecia que não tinha consciência dos atos que praticavam. Agora parece que mesmo antes de falarmos, pensamos nas palavras a serem ditas. (A. L. - Tecnologia)

....

Senti muita emoção, no entanto, não consegui expressá-la totalmente porque sou muito tímido. (L. S. L. - Eletrônica)

....

Eu adorei o encontro, mas o que eu quero falar mesmo é o que estou sentindo. Tem horas que me sinto tão sozinha e o pior é que não consigo explicar o porquê desta solidão. Sou muito insegura e tenho um complexo de inferioridade que me deixa "fraca". Eu queria conversar com você, mas tenho vergonha, e nem sei se tenho alguma coisa para contar. O mais estranho é que essa insegurança aumenta em determinados momentos. Bom, foi bom escrever "tudo" o que sinto. (J. - Enfermagem)

....

Por meio de um encontro no qual as pessoas sentiram-se um presente para cada um, um amoroso mergulho na essência do significado diálogo promoveu uma nova ordem, um novo discurso e um novo olhar.

CASO 3

O quê	**Encontro: Quem sou eu na transição para o ensino médio.**
Por quê	Necessidade de reestruturação de ações e comportamentos na sala de aula.
Para quem	Alunos de turmas da Educação Básica – 1ª série do ensino médio
Para quê	Oferecer aos participantes um encontro dedicado ao potencial humano, ao autoconhecimento fundamentado em valores humanos, trabalhando explicitamente a ética da convivência.
Como fiz	Por meio de vivências os participantes foram inspirados a se conectarem com eles mesmos, em seguida, ele ao espaço de atuação, no caso, escola e sala de aula, e finalmente a proposição coletiva de uma nova trajetória flexível, mais cooperativa, mais competente e amorosa.
Quando	2º semestre de 2003.
Perguntas-chave	Quem sou eu? A mudança? O mudado? Aquele que muda?
Palavras-chave	Pensar; sentir; refletir; olhar nos olhos; perdoar; abraçar; harmonizar; transformar; chorar; novo

No começo do ano mudaram de sala todos os alunos, aí formou a M - 113. Ninguém se conhecia direito, não havia entendimento entre os alunos e o 1º bimestre foi muito discutido, uma correria. No 2º bimestre foi um pouco melhor. Com tantos encontros, os alunos se entrosaram mais um pouco e agora um tenta ajudar ao outro para tentar melhorar. O que eu senti? Eu pensei nas coisas que eu deveria mudar e nas coisas que eu já fiz de errado e, agora, tento mudar. Eu já mudei. (A. S. F.)

Tem duas semanas que eu entrei no colégio. Nos primeiros dias, estranhei muito o comportamento dos alunos, mas agora estou me acostumando. Eu sou a mudança. Sinto que mudei principalmente agora depois dessa reflexão. Mudei meu jeito de pensar e agir, me tornei uma pessoa mais calma. Sempre que têm esses encontros

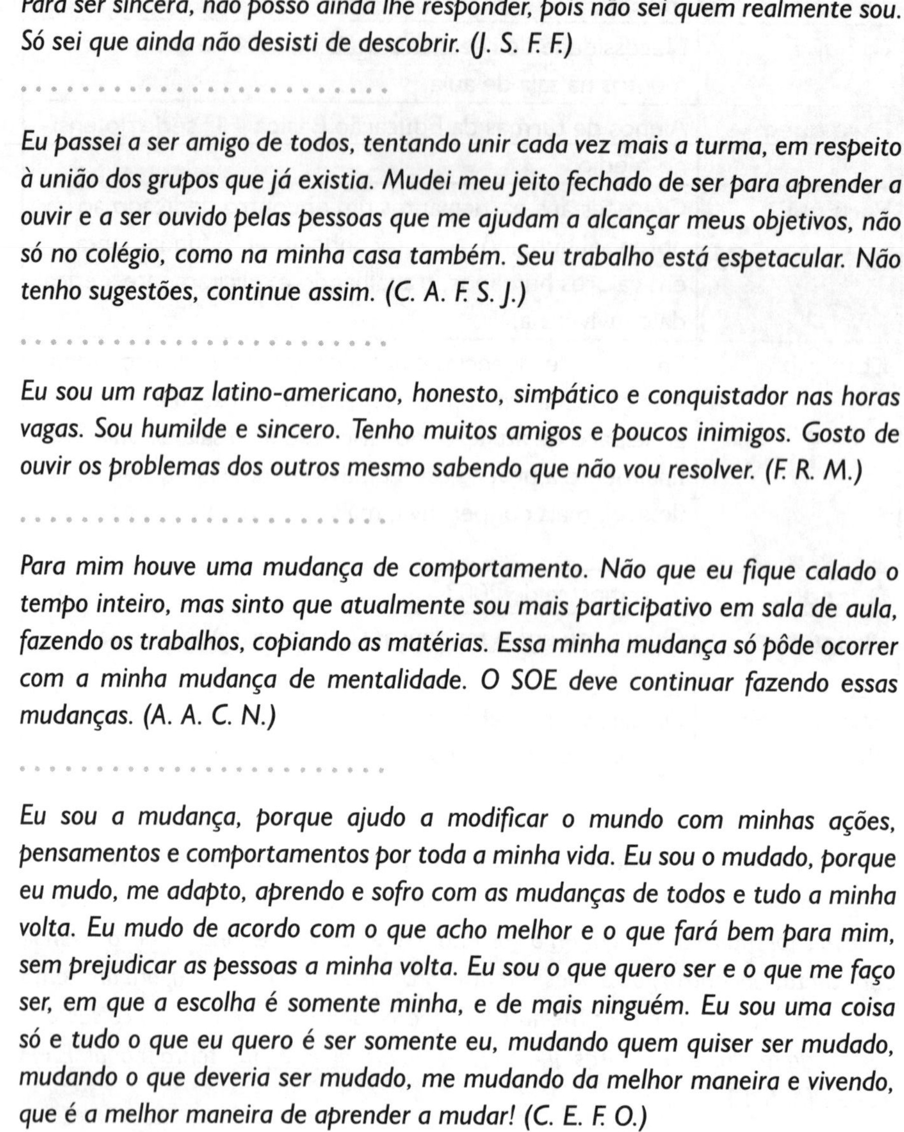

eu me sinto melhor comigo mesma. (B. B. S. M.)

. . . .

Para ser sincera, não posso ainda lhe responder, pois não sei quem realmente sou. Só sei que ainda não desisti de descobrir. (J. S. F. F.)

. . . .

Eu passei a ser amigo de todos, tentando unir cada vez mais a turma, em respeito à união dos grupos que já existia. Mudei meu jeito fechado de ser para aprender a ouvir e a ser ouvido pelas pessoas que me ajudam a alcançar meus objetivos, não só no colégio, como na minha casa também. Seu trabalho está espetacular. Não tenho sugestões, continue assim. (C. A. F. S. J.)

. . . .

Eu sou um rapaz latino-americano, honesto, simpático e conquistador nas horas vagas. Sou humilde e sincero. Tenho muitos amigos e poucos inimigos. Gosto de ouvir os problemas dos outros mesmo sabendo que não vou resolver. (F. R. M.)

. . . .

Para mim houve uma mudança de comportamento. Não que eu fique calado o tempo inteiro, mas sinto que atualmente sou mais participativo em sala de aula, fazendo os trabalhos, copiando as matérias. Essa minha mudança só pôde ocorrer com a minha mudança de mentalidade. O SOE deve continuar fazendo essas mudanças. (A. A. C. N.)

. . . .

Eu sou a mudança, porque ajudo a modificar o mundo com minhas ações, pensamentos e comportamentos por toda a minha vida. Eu sou o mudado, porque eu mudo, me adapto, aprendo e sofro com as mudanças de todos e tudo a minha volta. Eu mudo de acordo com o que acho melhor e o que fará bem para mim, sem prejudicar as pessoas a minha volta. Eu sou o que quero ser e o que me faço ser, em que a escolha é somente minha, e de mais ninguém. Eu sou uma coisa só e tudo o que eu quero é ser somente eu, mudando quem quiser ser mudado, mudando o que deveria ser mudado, me mudando da melhor maneira e vivendo, que é a melhor maneira de aprender a mudar! (C. E. F. O.)

. . . .

Mudei no meu comportamento, na minha postura diante dos meus pais, dos meus amigos, dos professores e de todos. Mudei meu jeito de pensar e de agir. Eu era um garoto rebelde e irresponsável que não tinha limites e só queria saber da farra,

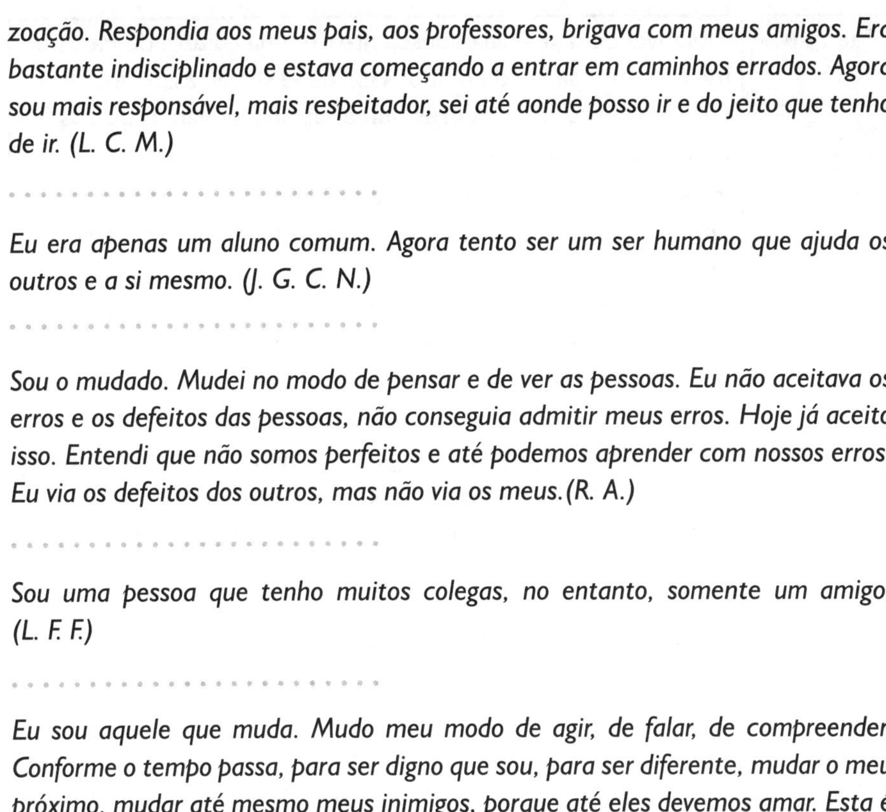

zoação. Respondia aos meus pais, aos professores, brigava com meus amigos. Era bastante indisciplinado e estava começando a entrar em caminhos errados. Agora sou mais responsável, mais respeitador, sei até aonde posso ir e do jeito que tenho de ir. (L. C. M.)

Eu era apenas um aluno comum. Agora tento ser um ser humano que ajuda os outros e a si mesmo. (J. G. C. N.)

Sou o mudado. Mudei no modo de pensar e de ver as pessoas. Eu não aceitava os erros e os defeitos das pessoas, não conseguia admitir meus erros. Hoje já aceito isso. Entendi que não somos perfeitos e até podemos aprender com nossos erros. Eu via os defeitos dos outros, mas não via os meus.(R. A.)

Sou uma pessoa que tenho muitos colegas, no entanto, somente um amigo. (L. F. F.)

Eu sou aquele que muda. Mudo meu modo de agir, de falar, de compreender. Conforme o tempo passa, para ser digno que sou, para ser diferente, mudar o meu próximo, mudar até mesmo meus inimigos, porque até eles devemos amar. Esta é a minha mensagem. Sugestões para o SOE: Mais encontros como o de hoje. (M. L. S. J.)

Eu tanto posso ser a mudança, a mudada, ou aquela que muda. Depende do momento em que eu estiver passando. No momento eu sou a mudança, por estar vivendo momentos novos em minha vida. (A. F. S.)

CASO 4

O quê	**Projeto: Nem só de pão vive o homem.**
Por quê	Necessidade de um choque de gestão emocional.
Para quem	Alunos, professores, pais e funcionários de duas escolas distintas da Educação Básica/ Ensino Médio Integrado a Educação Profissional em municípios distintos.

Para quê	Objetivando a vivência consciente de uma cultura de Paz, por meio de atividades de responsabilidade social, assumindo no cotidiano escolar os valores humanos, incentivando outros grupos a fazerem o mesmo.
Como fiz	Integrado ao Projeto Pedagógico da escola, foi elaborado em conjunto com alunos que demonstravam desinteresse durante as aulas; sensibilização da comunidade escolar; consulta e coleta e obtenção de nomes de pessoas e/ou grupos interessados no projeto; organização de grupos de trabalho; visita à instituição com elaboração de registros fotográficos e filmagem; levantamento das necessidades da instituição; organização e gerenciamento de campanhas visando à doação em atenção às necessidades levantadas na/da instituição; organização do calendário de visitas em parceria com professores das turmas envolvidas; conversas para descobertas dos talentos individuais e/ou coletivos e das possibilidades das ações que poderiam ser realizadas durante quatro horas de visita; divulgação das ações que seriam realizadas; realização das visitas; registros lições aprendidas; recolhimento dos registros das lições aprendidas e correção pelos professores de Língua Portuguesa; digitação dos textos pelos alunos da 8ª série; sensibilização dos alunos da 8ª série; organização da visita pelos alunos da 8ª série; registros das lições aprendidas; apresentação dos resultados do projeto aos alunos de outra escola em outro município.
Quando	Em 2000, 2004 e 2005.
Pergunta-chave	O que você aprendeu para criar um futuro de paz? Você sente que é importante no mundo em que vive? Por quê? Você acha que pode contribuir apesar da sua idade? De que forma? Na sua vida pessoal como pode ajudar o mundo a viver em paz? Quais são seus compromissos para o futuro? De que se alimenta o coração, já que nem só de pão vive o homem?
Palavras-chave	Leitura, oralidade, percepção, autoconhecimento, identidade, escrita, produção textual, participação, valores humanos, PDCA, responsabilidade social, foco, educação da vontade, capacidade; criatividade, inovação, interação; integração.

Deu para refletir sobre as coisas da vida, que às vezes você pensa que é bom, que é maneiro, mas não é. São coisas que vão nos prejudicar no futuro. Ouvimos o depoimento sobre bebidas, uma das coisas que estou tentando vencer. Foi uma grande emoção ouvir palavras tão reais de um homem que eu nunca vi. Ele também ficou emocionado com nossa atenção ao seu depoimento. Sua vida foi um grande exemplo para que nós não comecemos a beber tão cedo. Vi grandes pessoas, exemplos de alegria e de vida. Ganhei com isso um pouco mais de maturidade sobre a vida. Aprendi o significado da vida. (A. R. S.)

Este projeto serviu-me como uma lição de vida, pois lá pude perceber o quanto a vida vale a pena ser vivida. Em todos os instantes, minutos, enfim, em cada momento, bom ou ruim, lembrando-se de que momentos ruins não devem ser totalmente deletados, mas armazenados, pois momentos ruins nos favorecem crescimento em maturidade. Nem só de pão vive o homem, mas também de Amor, Paz, Perseverança e muita, mas muita Boa Vontade. Com toda essa experiência de vida que pude passar, observei mais uma vez o quanto os detalhes fazem a diferença. A diferença não deixa detalhes serem resumidos apenas em detalhes. E eu, com minha participação, fiz a diferença e deixei de ser apenas um mero detalhe. (C. S. M.)

Antes de conhecer o projeto, não sabia que existia tanta gente abandonada na Baixada, quer dizer, para mim as pessoas que ficam nas ruas estavam ali simplesmente porque queriam ou porque o pai e a mãe quando brigavam faziam com que se revoltassem e saíssem de suas casas. Enfim, eu nunca tinha imaginado que as pessoas pudessem fazer filhos para depois abandoná-los. (R. F.)

Ver toda aquela carência me fez despertar para perceber o quanto eu reclamo de "barriga cheia". (L. S. S.)

Essa visita nos trouxe a realidade que não conhecíamos e que não estávamos acostumados a lidar. Foi inexplicável, não sei dizer direito o que senti, no entanto, posso dizer que tamanha felicidade poderei sentir novamente se tiver outra oportunidade de passar o meu amor para aquelas crianças. Senti-me útil! (T. A.F.)

Antigamente pensava que se alimentasse, desse educação e saúde, uma pessoa poderia alcançar a felicidade. A vida me ensinou que não é só isso. Percebi o quanto as pessoas precisam de atenção e de palavras verdadeiras de carinho. Esse projeto lavou minha alma! (V. C.)

....

Creio que os alunos do Ensino Médio saíram transformados, sendo mais solidários, e principalmente oferecendo atenção aos que se sentem solitários. (F. F. F.)

....

Antes de participar de uma atividade como essa, eu não dava valor a nada. Roupas de que não gostava mais, eu jogava fora e não queria saber de ninguém. Não dava valor a nada. (L. S. L.)

....

Eu vivia apenas pensando nas pequenas coisas que aconteciam comigo e o que me fazia mal. Sou outro, não só por conhecer uma nova realidade, mas também por perceber a força de vontade de um grupo para ajudar a quem precisa. Isso motiva qualquer pessoa. Vi e acreditei! (R. C. M.)

....

Reconhecer os valores que temos, e que podemos ajudar, é o que acontece na vida de pessoas que são boas e que têm visão. Fui, sou e sempre serei um ser humano que olha o outro como irmão. Sou uma pessoa feliz ao ajudar outras. (J. D. S. S.)

....

Nós brincamos, cantamos, conversamos, nos abraçamos, nos beijamos. Eu, antes de participar do projeto, não tinha em mente que o homem para viver precisava de elementos indispensáveis como o carinho. (C. A. O. D. F.)

....

A minha vida emocional mudou completamente. (R. B.)

....

Não importa quantos anos nós temos. O que importa é que somos capazes de dar carinho para quem precisa, afinal para contribuir com uma boa ação não precisa ser adulto. Essas pessoas podem precisar de ajuda, mas elas têm muitas experiências para nos mostrar. Temos muito que aprender com elas. (A. P. T.)

....

Eu aprendi que para criar um futuro de paz é necessário começar por nós mesmos. (G. N. M. N.)

Com certeza, todos nós precisamos de um incentivo para começarmos a agir. (G. S. M.)

Essa experiência me fez refletir que a vida não é só comprar roupas e ir ao shopping, é muito mais do que isso, é compartilhar mesmo tendo pouco, como na música de Djavan; "Sabe lá o que é não ter, e ter que ter para dar, sabe lá". (T. F. R.)

Na outra semana, eu e algumas amigas voltamos lá. Agora fazemos isso toda semana, porque além de ser importante para eles, é muito importante para mim. (C. C. M.)

Pude aprender a dar valor à vida e aos outros, ao presente para construir um futuro satifatório para mim e para os que me rodeiam. Me senti útil e feliz em poder ajudá-los com a minha presença, simplesmente. Senti o amor de Deus nos olhos das crianças e dos velhinhos. Aprendi que é possível ser útil e sorrir em meio às dificuldades, expressando os dons da pintura, do artesanato e de ser feliz. (K. C. P. B.)

Essa experiência me mostrou que a realidade do Brasil está bem próxima, e que eu posso fazer um pouco para ajudar. (J. V. V.)

Precisamos vencer as guerras do nosso eu. Precisamos vencer complexos e preconceitos. Será que nos aceitamos como somos? Para aceitar os outros, precisamos estar em paz com nós mesmos, com a nossa consciência e com nossa vontade. Precisamos abaixar as armas da guerra, como preconceito, raiva, inveja, contenda, mentiras, ódio, soberba entre outras. Precisamos levantar a bandeira da Paz, doando amor desinteressado aos que carecem. Dando atenção a quem precisa desabafar, dando uma injeção de bom ânimo para quem está desanimado. São tantas coisas por fazer. Será que eu tenho feito pelo menos uma delas? (F. F. F.)

O que eu estou tentando dizer é que a participação é uma coisa maravilhosa. Só você participando para sentir a sensação. É um jeito de ser feliz. Participar, um jeito de ser feliz. Participem! (K. T. L.)

Depois que fui lá, eu aprendi a escutar. (S. R. G.)

....

Este projeto vem transformando a ideia que tínhamos da carência mútua em que vive o Brasil. Mudei minha visão diante dos problemas ali expostos. Hoje eu sei que não preciso esperar por aqueles que deveriam promover a ação, e sim, eu mesma ser a ação. (R. S. N.)

....

Aprendi a ver com os olhos do coração. (R. C.)

....

De que adianta escrever? Devemos é agir. (D. P.)

....

Então, vamos descruzar os braços e agir, antes que seja tarde demais! Vamos marcar nossa geração, vamos mostrar que podemos e que acima de tudo temos corações. Só depende de nós! (M. M.)

CASO 5

O quê	**Projeto: Agenda 2000**
Por quê	Necessidade de projetar o futuro
Para quem	Alunos de turmas da Educação Básica
Para quê	Sensibilização no início do ano. Ponte ao futuro.
Como fiz	Sensibilização por meio do texto a seguir: Projeto Agenda 2000. 2000 é um ano especial! É a véspera do milênio, o que deixa o ar carregado de algo indefinível, de esperanças e expectativas. O futuro já não está mais tão distante. "Como o futuro está sempre se construindo no agora, os alunos foram sensibilizados para a sensação geral de que cada ação, por menor que pareça, torna-se uma peça importante vital, no novo capítulo da humanidade." Diante deste cenário, foi solicitado que olhassem para frente e mudassem as coisas. Como? A tarefa era pensar e registrar 15 coisas que precisavam fazer para chegar a dezembro de cabeça erguida.
Quando	1° e 2° bimestre do ano 2000.

Perguntas-chave	Como me percebi? Como fui percebido? Como gostaria de ser percebido?
Palavras-chave	Hoje; futuro; sonhos; necessidades; estudo; aprendizagem; protagonismo; expectativas; ação; metas, sucesso.

Saber conviver com as pessoas. Ser muito mais eu mesmo. Interessar-me mais por leitura. Aprender a dizer não. Admitir os meus erros. Ter mais coragem para dizer o que penso. Ser menos relaxado. Não me guiar pela cabeça dos outros. Ser gentil. Lutar por justiça. Acreditar nas oportunidades. Melhorar o meu humor dentro de casa. Pensar mais antes de agir e falar. Parar de empurrar com a barriga. Parar de me abater por pouco. Perdoar meu pai. Dar mais valor às coisas simples. Parar de achar que todas as pessoas não vão com a minha cara. Parar de ser desconfiada. Ser mais amiga dos meus irmãos. Deixar de me sentir um peixe fora d'água dentro de casa. Organizar meu tempo. Transmitir alegria. Ser honesta. Jamais me sentir melhor que os outros. Fazer uma dieta. Parar de roer unhas. Ser mais corajosa. Ser mais animada. Valorizar a minha inteligência. Colocar na minha cabeça que "querer é poder". Me conhecer melhor. Saber me controlar com as pessoas. Não ficar magoado com coisas bobas. Jogar futebol. Soltar pipa. Respeitar as pessoas. Me descontrair praticando esportes. Aprender a pesquisar. Aprender a estudar. Ser menos sincero. Não ter vergonha de ser feliz. Encarar os obstáculos de frente sem medo. Aprender a controlar o dinheiro. Conseguir fazer um site na web. Aprender a respeitar as pessoas que são diferentes. Estar bem comigo mesma. Ser mais comunicativa. Pensar antes de agir. Desabafar. Conversar. Fazer as coisas mais individualmente. Saber resolver os meus problemas. Saber dizer não. Fazer e firmar novas amizades. Não me sentir inferior aos outros. Lutar pelos meus ideais. Não ser preconceituoso. Não ser invejosa, mesquinha e nojenta. Ser mais organizado. Tomar coragem e pedir desculpas. Acabar com a minha preguiça. Melhorar a letra. Viver mais a vida. Ser mais decisivo. Não ter vergonha de perguntar. Pensar no futuro. Ter mais convicção. Ser mais extrovertido. Ser competente. Fazer perguntas nas aulas. Ser pontual. Fazer o bem. Continuar assistindo TVE. Criar hábitos de estudos.

Alinhavando a avaliação

Este capítulo ilustra como o Coach pode interagir com estilos alternativos de avaliação para examinar como a perspectiva emocional influencia nos relacionamentos interpessoais. As informações do feedback são poderosas e têm como propósito facilitar o entendimento das tendências da pessoa, sua personalidade ou sua característica como líder, sem julgar se é bom ou ruim.

Uma combinação de ferramentas de avaliação deve ser utilizada para acumular feedback com informações tanto de qualidade quanto de quantidade, assim vamos descobrindo mais sobre as áreas de desenvolvimento do líder e sobre potenciais soluções para resolvê-las.

AVALIAÇÃO

Evento: Competências e Habilidades para Trabalhar em Equipe

Somos todos peças fundamentais no bom funcionamento desse grande carro chamado educação, como em qualquer maquinário funcionaremos bem melhor se formos periodicamente cuidados. No nosso caso profissionais da educação esses encontros são um conserto na alma e no intelecto, pois além de embasarmos a nossa prática estamos em equipe construindo uma alta-estima cada vez maior. "Pois estamos fazendo acontecer."

Parabéns Graça e equipe

Daniella Curvello Cunha (V.E.)
CIEP 314 - Galileu Galilei
Sentimento em relação ao encontro
Livre para ousar, permitindo-me:
errar, trocar, observar, acertar ...
desenvolver
Competências e
habilidades
para alcançar
o sucesso
na
EDUCAÇÃO
03.02.2005.

AVALIAÇÃO
Evento: V Encontro de Orientadores / Coordenadores / Pedagógicos
NOVAS IDÉIAS
PROJETOS
DINÂMICO
CAMINHAMOS
JUNTOS
Gosto de participar desses encontros : eles estão ótimos
como este carro onde somos as paças e fazemos ele
andar.

ABEU – ASSOCIAÇÃO BRASILEIRA DE ENSINO UNIVERSITÁRIO
CEJP – CENTRO EDUCACIONAL JOSÉ DO PATROCÍNIO

" UMA JORNADA DE CRAQUES "
O que torna um time vencedor é a garra dos jogadores.
O espírito de equipe e estar sempre revendo as estratégias...

AVALIAR É REVER O ESQUEMA TÁTICO

Primeiro Tempo da Jornada

Durante o primeiro semestre, o que você fez...

- ... que foi show de bola?

____

____

- ... que foi bola fora?

____

____

- ... que foi gol de placa?

____

____

- ... que poderia ser melhor ?

____

____

E para o Segundo Tempo? O que você propõe para:

- A Equipe Técnica (Gestora, Coordenação, Orientação Educacional e Auxiliares Administrativos)

____

____

- A Equipe do Setor de Atendimento

____

____

- A Equipe de Apoio (Inspetores e Zeladores)

____

____

Belford Roxo, 02 de abril de 2003

Dizer que estava me sentido um lixo não é vergonha.
Estava acabada por causa das circustâncias da vida, triste por causa das coisas que quero e temia não ter nunca.
Pelas coisas que passo por causa que tomei um rumo que foi ruim para minha vida

Mas, o pouco que ouvir da Senhora me levantei do lixo e comecei a caminhar, estou sim caminhando, subindo para alçancar a minha meta, apesar dos grandes obstáculos da caminhada cansada, agora mais do que nunca irei lutar e no final da minha caminhada tão difícil irei ser uma vencedora e ver que com

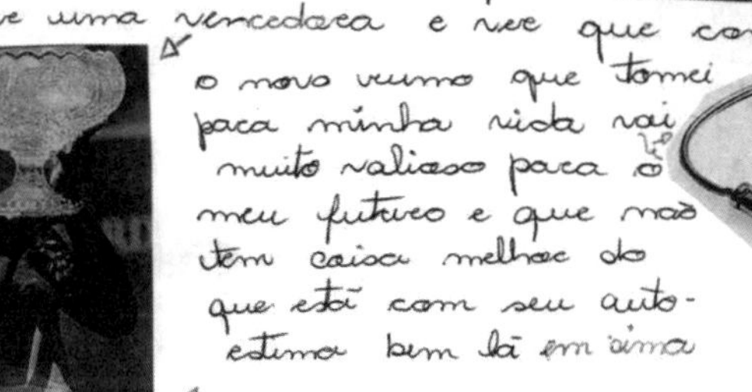

o novo rumo que tomei para minha vida vai muito valioso para o meu futuro e que não tem coisa melhor do que está com seu auto-estima bem lá em cima

Agora vou lutar para vencer

e reconhecer que sou mais valiosa do que pensava

Turma: 3201 A

Curso Motivação

ANTES ⇒ Depois

Quando foi Anunciado o Curso, eu estava com a Cabeça ainda esvaziada, e principalmente não sou uma pessoa com auto-estima muito boa, por causa da minha criação.

Eu estava curiosa e cansada, mas logo saiu acabou o desânimo. As galinhas fizeram parte de nossa vida, comida, amigo, trabalho etc

Eu praticamente sou instável, a minha personalidade é forte mas não auto-suficiente para aguentar as dificuldade e as obrigações, as pressões da vida me deixaram acumulos de magoa e pessimo, apesar de ser falante, alegre e companheiro só essa mascara cai quando não é realmente verdadeira.

Posso dizer que eu sou uma Galinha em termos profissionais, preciso de curso, de ler, me informar, a ter observação sobre as coisas. Além disso depende do entusiasmo e do acreditar na minha pessoa eu entrei assim:

Depois

Vou começar a agir, fazer curso e investir em mim. Eu empresa tenho tudo para caminhar e achar o sucesso, me desenvolver e ser uma profissional diferente com olhar a frente, a águia só será desenvolvida quando as asas crescerem o bico ficar mais forte + firme, comprido e abrir ao necessário. Depois virar um corpo resistente e estufado para lançar altos vôos com retas e objetivos, a galinha ainda presente em mim mas a escolha de me lançar na sociedade como pessoa especial e exemplo para ajudar aqueles que buscam como, fazer carreira a qual se têm dom e escrever meu nome neste mundo a qual eu tenho uma missão.

Coragem

pra frente

Sem medo de ser feliz

Aguinha

Antes

Depois

Rosilaine

Não existe uma linha de costura para todos os fins. A textura do tecido varia significativamente, por isso, a melhor forma de obter excelentes resultados é combinar a linha de costura com o tecido e o fim a que se destina.

Sugere-se que sempre sejam feitas avaliações ao longo do processo. Isso dá um feedback contínuo sobre o desenvolvimento do trabalho ou do projeto.

O que importa é o processo, afinal, estamos sempre formando uma ideia que ainda não está pronta. Ela está se aprontando.

Espera-se que seja um processo autotélico, isto é, que seja valorizado, o autotelismo para absorver verbos e ações naquilo que tem algum tipo de importância ou significado pessoal. Muitas vezes esse sentimento de encontrar fim em si mesmo não é compreendido por nenhuma lógica externa. Espera-se que se ponha a mão na massa, que se tenha uma relação física na (re)(des) construção do eu e do nós.

Quem codifica os sentimentos ao ponto de produzir uma poesia ou um texto?

A sugestão? Transgredir e quebrar paradigmas que o levem (nos levem), por meio de processos criativos de feedback a despertar para os talentos (os meus, os seus).

Modelos não existem. Portanto, crie-os.

4

Costurando na rede

Aqui você encontrará a descrição de um despretensioso encontro em uma rede social com um internauta que acabara de completar 21 anos e demonstrou interesse em conhecer Coaching.

Segundo a Enciclopédia Livre, uma rede social é uma estrutura social composta por pessoas ou organizações, conectadas por um ou vários tipos de relações, que partilham valores e objetivos comuns. Uma das características fundamentais na definição das redes é a sua abertura e porosidade, possibilitando relacionamentos horizontais e não hierárquicos entre os participantes. E muito embora um dos princípios da rede seja sua abertura e porosidade, por ser uma ligação social, a conexão fundamental entre as pessoas se dá através da identidade. "Os limites das redes não são limites de separação, mas limites de identidade". (...) Não é um limite físico, mas um limite de expectativas, de confiança e lealdade, o qual é permanentemente mantido e renegociado pela rede de comunicações.

As redes sociais têm adquirido importância crescente na sociedade moderna. São caracterizadas primariamente pela autogeração de seu desenho, pela sua horizontalidade e sua descentralização e funcionam como mídia de comunicação com aplicabilidade no Coaching.

- Olá Graça, você trabalha com Coaching ? Como?

- Sim, trabalho.

Este foi o início de um diálogo virtual na rede social Facebook, onde apresentei crenças sobre Coaching para Gui Ferris, um jovem índigo de apenas 21 anos de idade, formando em Administração de Empresas, em São Paulo. A conexão teve início em 17 de junho e de lá para cá venho percebendo que para além de técnicas e metodologias, é necessário que comecemos a acreditar que certas coisas não acontecem por acaso. Neste período fomos alinhando ideias, pensamentos, assuntos e crenças, inclusive tendo a ideia de cocriar um artigo para simbolizar o encontro. Afinal, um fenômeno está acontecendo e você, que nos lê neste momento, sinta-se convidado a analisar o trajeto, identificar oportunidades que este delicioso presente, que é fazer parte desta história, aparentemente desconhecida, mas encantadora do encontro do desconhecido desvendado Coaching. Sente-se estranho com o convite? Liberte-se! Sinta os estalos da comunicação e agarre-se em algo maior. Aquilo que nos torna significativamente maior para o TODO.

Apresento-lhe o esquema do processo de trabalho e pergunto-lhe se gosta de desenvolver o humano, tendo em vista que uma das ideias é fazer o auto coaching.

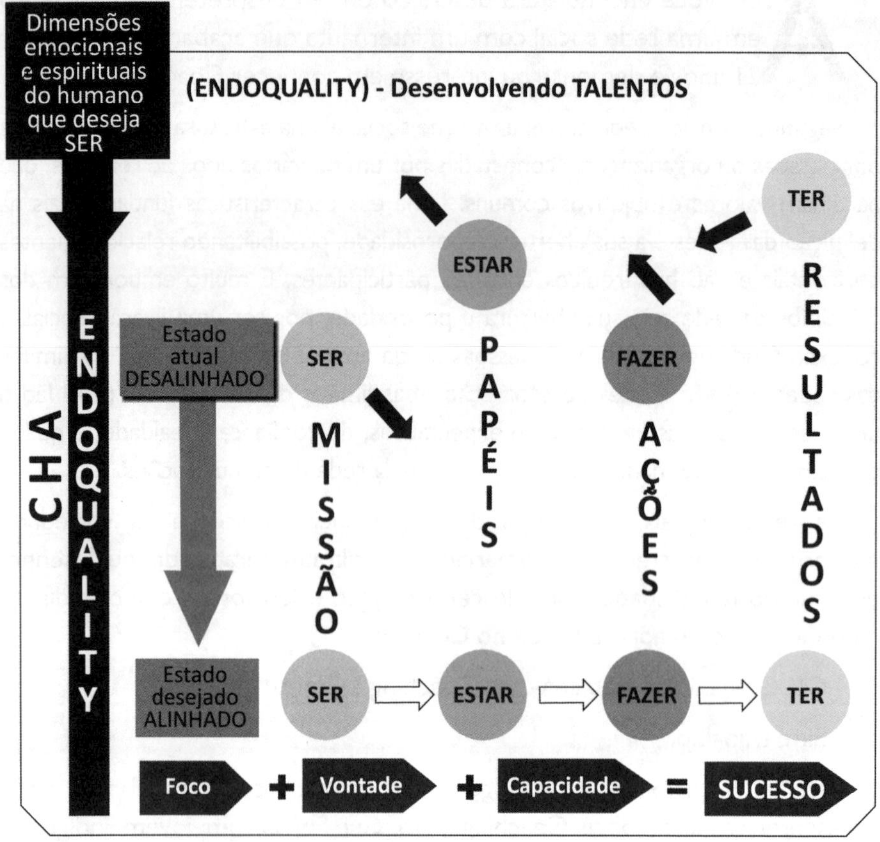

- Auto coaching?

- Sim, para além as técnicas e metodologias estudadas, você precisa compreender seu percurso de aprendizagem. Como lida em situações de conflito? Como conecta os assuntos/situações diversas? Desenvolver escuta ATIVA demonstrando que sabe ouvir utilizando rapport.

Para capturar a emoção peço-lhe que escreva seus sentimentos em relação aos acontecimentos.

"Inicio com um acontecimento inusitado:

Outrora pensava sozinho em diversos tipos de acontecimentos e situação que ali houvera passado, sem algo definitivo, um poço da falta de exatidão onipresente, demasiavam-me pensamentos à procura de um ponto de equilíbrio, algo que me tangibilizasse ou concretizasse algumas ideias ou argumentações que estava tendo.

Um solução seria procurar por resoluções rápidas e práticas: o cego conduzindo o cego, desencadeando talvez prazeres curtos e sensações de paz, em que não houvera espírito.

Acredito que vivemos em busca de uma plenitude, algo que nos faça ser o melhor que podemos, um ponto em que nos sentimos estruturadamente prontos para compartilhar e realizar aspirações e principalmente em desenvolver o ser, o fator humano que ali me principiava a prefere de qualquer outra força.

Entretanto, ao belo encontro, creio eu, atentei-me a algumas publicações que já havia lido algumas inúmeras vezes, questionei-me por me enquadrar naqueles textos e vocabulário brandos e lesivos, ao tom de que logo me apoderei de suas informações e principalmente do seu contato... Óbvio não me entreguei aos caprichos de me apresentar impulsivamente, porém, acreditei ser uma chance imensurável... Era como se seguisse um percurso próprio de ensino, no qual estava eu no mesmo ritmo embalado. Irresistível ao paladar!

Tal encontro acontecera em ritmo calmo, propício.

Encontrei-me com Graça, uma sonhadora afetiva, plena e convicta de suas perseguições. Um tesouro em mãos e saliento-lhes, que em meio a adversidades, conseguimos introjetar inúmeras ideias e compartilhar de vários pensamentos que nossa sinergia parecia existente há anos! Foi algo novo, tentador, a busca por um autoconhecimento tão estatuado em toda uma vida...

Tentando entender algumas contrariedades que por mim passara, lembrei-me de algumas referências das quais andava passo a passo com meus cabelos loiros.

Alimento-os de que só há relacionamento saudável quando há respeito entre as partes, não digo respeito no sentido exclusivo de xingamentos ou provocações, mas de certa forma de "aceitação", me fazendo pensar ainda mais que só adquirimos realmente esta quando no ambiente se apresenta uma forma de aprendizado mútuo. Quando entendo que há possibilidade de aprendizado com o outro, pensamos, escutamos e observamos, respeitando a ideia e a opinião do mesmo, desenrolando a relação de uma forma prestimosa ou valiosa.

Um entendimento que vinha como a elasticidade dos ventos e um gosto misto, de euforia e medo.

Apesar de todas as formas contrárias de sentir-me do que coloco como "bom", adoro pensar sobre isto e cheguei a veemência de que esse tipo de reflexão é de tamanha importância para qualquer pessoa em algum ambiente, seja ele qual for, afinal, nos relacionamos a todo momento, amarrando a ideia de que precisamos olhar para situações e/ou acontecimentos de inúmeras formas e ângulos diferentes, não excluindo qualquer possibilidade de opinião ou ponto de vista, mas pensando sob uma ideia, da qual eu concordo, de que nosso mundo se 'limita" ao nosso conhecimento, até onde nossas palavras podem chegar, talvez assim desenrolaríamos percepções menos inadequadas ou precipitadas. Um erro esparso, nem sempre percebido por aqueles que o cometem.

Um encontro contemplado pela variabilidade das críticas e o volume de observações, encantos, admirações...

Com ar e nome de Graça, me sinto cada vez mais encantado e amarrado com os efeitos da vida, um sabor diferente, beliscando todo e qualquer sentido de pele que penduro em minha alma, estou aprendendo a entender sob os fenômenos das possibilidades, o que nos conduz a simplesmente ser."

Ele em São Paulo, eu no Rio de Janeiro, buscando entender o que acontecera. Eu fui buscar Augusto de Franco em A Escola de Redes que chama atenção para uma passagem de Marc Buchanam (2007) sobre os diamantes, dizendo que os mesmos não brilham porque os átomos que os constituem brilham, mas devido ao modo como estes átomos se agrupam em um determinado padrão, sendo este o mais importante, e não as partes como acontece com as pessoas. Segundo Augusto, as as redes (sociais) acontecem quando pessoas interagem. Existem, portanto, desde que exista pessoa. Quem provoca o agrupamento em um determinado padrão (no caso dos átomos da metáfora do diamante) é um campo (de interação), não os atributos de cada átomo de Carbono Eles podem se agrupar, no caso do Carbono, em vários padrões diferentes. Quando se agrupam de determinado modo, eis que surge o diamante. De outro modo, surgiria o grafite (que não brilha, ainda que se fizermos uma pressão muito grande sobre o grafite surgirá o diamante). Se só se agrupasse como grafite e diamante não haveria este momento. É certo que o Coaching empodera as pessoas, identificando e incentivando o fortalecimento das qualidades, localizando e minimizando os pontos fracos, e apontando para as direções de maior demanda por suas habilidades, quando usamos técnicas centradas em Valores Humanos associados à Programação Neurolinguística. Sendo assim, é fácil observar que cada experiência possui uma estrutura interna que pode ser alterada, que corpo, mente e emoções são parte de um Todo que a todo momento estamos nos comunicando, que todo comportamento tem uma intenção positiva e que o significado da nossa comunicação é o resultado ora provocado neste artigo. O que é Coahing? Quem é o Coachee? Quem é o Coach?

Olá! O termo "Coach" é do inglês e designa os papéis de técnico, treinador e facilitador. No âmbito do desenvolvimento pessoal e profissional, o Coach é um grande aliado para o seu progresso, orientando-o de forma a mantê-lo sempre alinhado e congruente com suas metas, desafios e ações que deverão ser implantadas pelo Coachee.

Quem sou eu?
Qual é a minha marca?
Eu sou um Coachee?

Bons Coachees são pessoas de potencial, têm ideias próprias e pensamentos bem estruturados, mas são flexíveis a mudar o seu próprio ponto de vista quando necessário, pois o que importa é o seu progresso e os seus resultados. Um bom Coachee não é expectador da sua própria vida, ele é o ator principal e também o roteirista que constroi a sua própria história, sempre com um final feliz.

Guilherme demonstrou ser um Coachee Protagonista da sua própria história.

E você? Quem é? Como é?

Caixa de ferramentas

Segundo Senger, Buckminster Fuller dizia que "se você quer ensinar uma nova forma de pensar às pessoas, não tente discursar para elas ou instruí-las. Simplesmente forneça-lhes uma ferramenta que as leve a aspirar, apoiando-as a se movimentarem aos seus objetivos, pensando de forma diferente a que estão habituadas para gerar mudanças".

Como saber o que, quando e como usar? O uso ou não de ferramentas e os tipos elaborados refletem suas crenças e valores. O número de ferramentas depende ainda da visão e da jornada, o que demonstrará seu repertório de ferramentas. Vários autores defendem o uso de todos os tipos, desde que sejam personalizadas, afinal, não existe caminho único, sendo essencial a combinação da sua expertise, habilidade de pensamento criativo e motivação.

Ferramenta é qualquer instrumento que você, como fonte de criatividade, usa para a realização de um trabalho, pois bem aqui eis algumas pistas que podem potencializar a sua caixa de ferramentas.

1. BRAINSTORMING, TEMPESTADE CEREBRAL OU TEMPESTADE DE IDEIAS: ferramenta para geração de novas ideias, conceitos ou soluções relacionadas a um tema específico num ambiente livre de críticas e de restrições à imaginação. Tem a finalidade de reunir uma série de ideias que possam servir de orientação para a solução de um problema ou desenvolvimento de uma oportunidade. A livre expressão de ideias é uma condição importante para potencializar a atitude criadora individual e coletiva.

2. BRAINWRITTING ou ESCRITO NO CÉREBRO: esta técnica variante do Brainstorming consiste em utilizar várias folhas (nas quais se escreve um tema na parte superior) que vão sendo sucessivamente passadas aos participantes para que sejam anotadas as suas ideias, propiciando a descoberta de uma solução concreta e especialmente útil em grupos de trabalho em que as pessoas não se conhecem tão bem ou estão menos habituados a atividades deste tipo.

3. MIND MAP, MAPA MENTAL: diagrama usado para representar palavras, ideias, tarefas ou outros itens ligados a um conceito central e dispostos radialmente em volta deste conceito. É um diagrama que representa conexões entre porções de informação sobre um tema ou tarefa. Os elementos são arranjados intuitivamente de acordo com a importância dos conceitos. Pela representação das informações e suas conexões de uma maneira gráfica, radial e não linear, o Mapa Mental estimula a imaginação e o fluxo natural de ideias livres.

4. ESCUTA ATIVA: é um processo essencial para uma comunicação eficaz. A escuta ativa envolve a atividade de conhecer e ouvir atentamente a mensagem de que outra pessoa ou pessoas transmitem. É preciso compreender a mensagem do outro, se alguém concorda ou não. Em escuta ativa, não só prestar atenção às palavras, em gestos e emoções mostrados durante a comunicação. A seguir algumas técnicas de escuta ativa:

- Manter uma postura relaxada, porém atenta.
- Participar ativamente da conversa, ser receptivo e disponível a escutar.
- Usar incentivos verbais como "Fale mais", "Ah?" "Verdade".
- Reduzir ao máximo os gestos que possam distrair o interlocutor, tais como: brincar com uma caneta, estalar os dedos etc.
- Manter um contato visual eficiente, procurar não desviar o olhar a toda hora.
- Balançar a cabeça ou sorrir.
- Fugir à tentação de interromper a pessoa no meio do discurso.
- Fazer perguntas para checar o que foi dito.
- Usar a empatia e ser compreensivo.

5. POSITIVO, NEGATIVO E INTERESSANTE: PNI é uma ferramenta que tem como objetivo explorar uma ideia pela análise de seus pontos fortes, fracos e interessantes:

- **Positivo:** as boas coisas, o que você gosta na ideia.
- **Negativo:** as coisas ruins, o que você não gosta.
- **Interessante:** o que você acha interessante e que merece uma reflexão.

6. FEEDBACK: o feedback proporciona poder às pessoas porque lhes permite saber quando e como precisam mudar para alcançar sucesso.

- Ofereça orientação frequente.
- Elabore análise de desempenho.
- Molde sempre o feedback à pessoa. Leve em consideração as necessidades e a personalidade de quem irá recebê-lo.
- Ofereça feedback na medida certa.
- Enfatize as atitudes positivas.

- Ofereça feedback que gere orgulho.
- Ofereça feedback que gere confiança.

7. RAPPORT: rapport, empatia, harmonia e contato são palavras sinônimas, sendo uma ferramenta poderosa da PNL – Programação Neurolinguística, e se referem a um nível de relacionamento interpessoal em que você se sente identificado e valorizado com a pessoa ou grupo com quem se comunica. Quando há este laço unindo duas pessoas, os diálogos fluem com naturalidade, ambas se sentem muito à vontade e também tendem a adotar posturas corporais semelhantes.

8. ESPELHAMENTO: você já deve estar percebendo que a empatia é conquistada quando há elementos comuns entre duas pessoas. Podemos, assim, facilitar o processo de empatia utilizando a técnica do espelhamento. Consiste na imitação de forma gentil e respeitosa dos comportamentos da pessoa com quem desejamos criar um laço empático.

Este contato pode ser construído à base de comportamentos que combinam. Discordar de pessoas não irá formar um contato (rapport). Falar mais depressa do que as pessoas possam ouvir não irá formar contato. Falar a respeito de sentimentos ou sensações quando as pessoas estão fazendo imagens visuais não formará contato. Mas se você calibrar o andamento de sua voz pela taxa da respiração da pessoa, se você piscar na mesma velocidade que os outros piscam, se balançar a cabeça afirmativamente com a mesma velocidade em que eles balançam, se você balançar no mesmo ritmo em que estão balançando, e se você disser as coisas que na realidade devam mesmo ser pertinentes, ou as coisas que você sentir que têm a ver com a situação, estará formando o contato". (Grinder e Bandler, 1984, p. 27).

Experimente se perceber conversando com qualquer pessoa, procure falar com a mesma velocidade em que ela fala; gesticule da mesma forma que ela; se estiver sentada, sente-se também; se estiver com as pernas cruzadas, cruze-as também. Se a pessoa costuma lhe tocar enquanto conversa, toque-a, e se utiliza frequentemente alguma expressão verbal característica, utilize também. Fazendo isso, você já estará praticando a técnica do espelhamento.

9. SISTEMAS REPRESENTACIONAIS (CINCO SENTIDOS, CANAIS SENSASORIAIS): vivenciamos as experiências de nossas vidas através dos cinco órgãos sensoriais: visão, audição, tato, paladar e olfato. Estes são os cinco canais com os quais entramos em contato com o mundo. Além disso, podemos deduzir que qualquer experiência tornar-se-á mais rica à medida que a vivenciarmos utilizando conscientemente o maior número possível de órgãos sensoriais.

Em PNL, dá-se o nome de "sistemas representacionais" aos nossos canais sensoriais. Uma coisa interessante a ser notada é que, em geral, optamos por utilizar somente um destes canais, pois é difícil estarmos conscientes dos cinco ao mesmo tempo.

Assim, há pessoas que se comunicam utilizando principalmente metáforas visuais. Ao descreverem, por exemplo, um acidente de trânsito, essas pessoas poderiam dizer: "Eu vi! Eu vi tudo com meus próprios olhos! Eu vi quando o carro preto atravessou o farol vermelho a toda velocidade! Ficou claro que a culpa foi dele!".

Outros preferem as metáforas auditivas para se expressarem. É provável que descrevessem o mesmo acidente da seguinte maneira: "Só lembro de ter escutado uma buzina e, logo depois, uma forte freada! Aí não teve jeito: CRASH! O estrondo foi igualzinho ao de uma explosão!".

Um outro grupo de pessoas utilizaria metáforas cinestésicas (referentes ao tato e às sensações interiores) para falarem sobre o acidente: "Foi horrível... senti uma agonia, um aperto aqui no peito quando pressenti que o pior iria acontecer... e não deu outra...".

Não é tão comum, mas há quem goste de usar metáforas olfativas ou gustativas para se expressarem. É o caso de expressões como "Há um cheiro de confusão no ar", "Esse acidente é um prato cheio para jornalistas", ou ainda "O motorista provou do amargo sabor da irresponsabilidade".

Algo que irá incrementar a sensação de empatia é identificar qual sistema representacional a pessoa com quem você conversa está utilizando naquele momento. Se você espelhá-la também neste nível e construir suas frases utilizando o mesmo sistema representacional identificado é muito provável que a sensação de harmonia seja ainda maior! Qual é o sistema representacional que você está usando agora?

10. EMPOWERMENT: segundo a Enciclopédia Livre empowerment parte da ideia de dar às pessoas o poder, a liberdade e a informação que lhes permitem tomar decisões e participar ativamente da organização, fundamentado em poder, motivação, desenvolvimento e liderança.

• **Poder** - dar poder às pessoas, delegando autoridade e responsabilidade em todos os níveis. Isso significa dar importância e confiar nas pessoas, dar-lhes liberdade e autonomia de ação.

• **Motivação** - proporcionar motivação às pessoas para incentivá-las continuamente. Isso significa reconhecer o bom desempenho, recompensar os resultados, permitir que as pessoas participem dos resultados de seu trabalho e festejem o alcance dos objetivos e metas.

• **Desenvolvimento** - oferecer recursos às pessoas em termos de capacitação e desenvolvimento pessoal e profissional. Isso significa treinar continuamente, proporcionar informações e conhecimento, ensinar continuamente novas técnicas e ferramentas, criar e desenvolver talentos.

• **Liderança** - proporcionar liderança. Isso significa orientar as pessoas, definir objetivos e metas, abrir novos horizontes, avaliar o desempenho e proporcionar novas ações.

Resumindo, Diane Tracy em "10 princípios para o Empowerment" esclarece que só poderá haver sucesso quando as pessoas são comunicadas claramente sobre o que se espera delas. Objetivamente é apresentada a Pirâmide do Poder com seus princípios básicos.

Pirâmide do Poder

Respeito

11. 5 "S" FERRAMENTA PARA MANTER A MENTE AREJADA: melhorar a qualidade significa, antes de mais nada, "arrumar a casa" ou fazer "hausekeeping", como se diz em inglês. As empresas japonesas descobriram um modo prático e objetivo de arrumar a casa, utilizando um recurso de memorização: 5 S, iniciais de 5 palavras japonesas que amparam o programa de arrumação. Você pode aplicar os 5 S para arrumar sua vida. SEIRI refere-se às atividades de eliminação do que é supérfluo, o SEITON às atividades de ordenação das coisas (arrumação em seus lugares devidos), o Seixo às atividade de limpeza e arrumação do lugar de trabalho, o SEIKETSU à higiene e à aparência pessoal e SHITSUKE às atividade de desenvolvimento e manutenção da disciplina e do profissionalismo no ambiente de trabalho.

12. Ciclo PDCA: ferramenta que pode ser facilmente ajustada para nosso cotidiano, tanto no trabalho como fora dele, com o objetivo de facilitar as diversas tomadas de decisões as quais somos submetidos a todo momento e o alcance de objetivos. Imagine os objetivos que você quer atingir no seu trabalho ou na sua vida, seja uma mudança de função, como melhor executar uma tarefa, um projeto, melhorias na sua área de atuação ou no seu local de trabalho. Vários autores já citaram a possibilidade de aplicação do Ciclo PDCA na vida pessoal e, realmente, assim como somos treinados a gerir empresas ou pelo menos a gerir nossa própria função na organização e extrair dela os melhores resultados possíveis, nada mais conveniente do que utilizar os recursos da administração para a nossa vida. Então, vamos descobrir como podemos fazer isso.

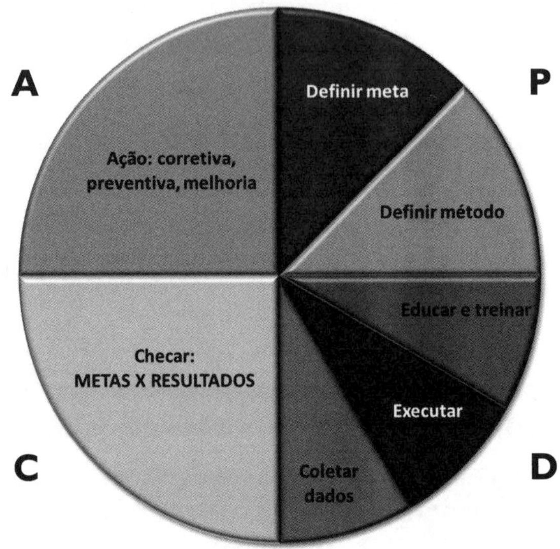

PLANEJAR	FAZER	CONTROLAR CHECAR	AGIR CORRETIVAMENTE
Definir os objetivos. Levantar os principais problemas e priorizar alinhado ao objetivo. Levantar as causas. Levantar as causas mais prováveis. Escolher as ações a serem tomadas estabelecendo métodos.	Educar e treinar as pessoas para realizar as ações selecionadas. Testar as soluções colocando as ações em funcionamento, coletando dados conforme as necessidades.	Verificar os resultados, descobrindo se o problema foi solucionado.	Caso o teste da solução seja sucesso: implementar, consolidar a solução por meio de uma ação final. Controlar a melhoria, verificar se o novo nível de desempenho está sendo mantido. Começar novamente com o estágio do planejamento.

Para funcionar, o ciclo PDCA precisa girar continuamente, se adequando a cada novo objetivo, com a aplicação de cada fase como meio de garantir que os objetivos estabelecidos por você serão atingidos, é uma ferramenta que torna suas decisões mais seguras.

13. ENTREVISTAS E APRESENTAÇÕES: a atividade de entrevista e apresentação é um processo em si mesmo, mas os benefícios obtidos encaixam-se dentro de um contexto muito mais amplo. As descobertas individuais feitas por cada participante e a familiaridade alcançada dentro do grupo são passos que contribuem para o processo de desenvolvimento pessoal, bem como o do time. Esta atividade ajuda a construir a autoconsciência e começa a criar um clima em que as diferenças individuais são aceitas, e não ridicularizadas. Quando encerrar esta atividade, amplie a compreensão das pessoas, mostrando-lhes que o processo de entrevista e apresentação faz parte de processos mais amplos, de crescimento pessoal e desenvolvimento do time.

Passo 1: Dê Informações ao grupo

- Explique ao grupo por que vocês estão fazendo isto.
- Escreva o propósito, os resultados desejados e o processo num flip chart.
- Afixe-o para que todos possam ver.

Passo 2: Selecione as perguntas para as entrevistas

- Selecione de cinco a 10 perguntas e escreva-as num flip chart.
- Afixe-o para que todos possam ver.

Passo 3: Conduza as entrevistas

- Incentive as pessoas a escolher uma pessoa da sala com a qual elas não conversem normalmente e que não conheçam tão bem.
- Faça com que cada dupla selecione três ou quatro perguntas da lista que você forneceu.
- Faça-as anotar as informações que reuniram.
- Diga-lhes que têm de cinco a 10 minutos para entrevistar seu parceiro.
- Deixe que as pessoas saibam quando trocar de lugar para a segunda entrevista.

Passo 4: Compartilhe as apresentações

- Faça com que as pessoas apresentem seus parceiros ao grupo.

Passo 5: Compartilhe as lições aprendidas

- Neste estágio, conhecer os diferentes membros do grupo é o principal objetivo. Contudo, as pessoas aprendem muito sobre elas mesmas durante este processo.
- Pergunte às pessoas se elas gostariam de compartilhar algumas das novas coisas que aprenderam sobre elas mesmas como resultado desta atividade.

14. PROTOCOLO DE SINTONIA: solicita-se que as pessoas ou uma equipe apresente seu trabalho perante a um grupo de amigos críticos, em um discurso reflexivo para alinhar o trabalho com os mais altos padrões. O uso dessa ferramenta exige um clima de confiança entre os participantes, para que haja a discussão dos pontos fortes do trabalho e as estratégias para melhorá-lo.

15. REUNIÃO DE AVALIAÇÃO COLABORATIVA: uma conversa estruturada na qual os participantes estudam e discutem o trabalho de outro participante. O Propósito da reunião é desenvolver compreensão mais profunda dos participantes, interesses, forças e lutas, além de descobrir maneiras para fortalecer a aprendizagem. O ambiente deve proporcionar segurança para compartilhar publicamente o trabalho, evitando julgamento, mantendo a discussão concentrada no ensino e na aprendizagem.

16. GRANDES EXPECTATIVAS

Passo 1: Dê Informações ao grupo

• Inicie esta atividade introduzindo o conceito de expectativa.
• Escreva a definição da palavra "expectativa" num flip chart: Expectativa é uma esperança da realização de um desejo, de objetivos.

Passo 2: Faça um brainstorming das expectativas

• Apresente o "brainstorming" para seu grupo.
• Afixe as regras do brainstorming diante do grupo.
• Use a técnica do brainstorming, faça com que as pessoas criem uma lista das suas expectativas.
• Registre suas respostas num flip chart. Você é um membro do time! Compartilhe suas expectativas também!
• Depois que a energia do grupo baixar, dê às pessoas cinco minutos de silêncio para pensar nas outras expectativas que elas poderiam ter.
• Faça com que as pessoas compartilhem quaisquer expectativas adicionais.

Passo 3: Esclareça as expectativas

• Em grupo, você precisará primeiro esclarecer as expectativas expressas. Pergunte às pessoas se alguma das respostas não está clara e precisa de mais explicação. Você pode combinar ou eliminar respostas repetidas. Diga às pessoas que elas podem acrescentar expectativas à lista a qualquer momento.
• Diga a elas que você vai pensar sobre uma maneira de tratar dessas expectativas e espera que elas deem um feedback.

17. CONSTRUÇÃO COLETIVA DE UM PACTO:

Passo 1: Escreva uma breve reflexão sobre as seguintes questões: Que valores memoráveis foram gravados em você quando era criança? E como jovem adulto? De que maneira eles se refletem atualmente em suas crenças e práticas com relação à sua aprendizagem?

Passo 2: Compartilhe sua história com as outras pessoas do seu grupo, observando que esta pode ser uma atividade muito poderosa, construindo conexões pessoais que servem como base para criar um pacto coletivo.

Passo 3: Junte-se a um "parceiro de aprendizagem". Sua tarefa é imaginar como seriam o ensino e a aprendizagem na escola, sistema ou sala de aula ideal. Como seriam? O que você vê, ouve e sente? Coloque-se na imagem. Discuta com seu parceiro. Um fala enquanto o outro escuta, em busca de crenças sobre a aprendizagem e devolve o que ouviu. Inverta os papéis de falante e ouvinte. Este processo é uma forma de trazer à tona as crenças intuitivas que ainda não foram articuladas.

Passo 4: Individualmente, identifique e registre cinco crenças fundamentais que você mantém sobre a aprendizagem e a mudança. Compartilhe-as com seu parceiro. Use o diálogo para aprofundar seu entendimento conjunto. Encontre um consenso sobre as cinco crenças mais essenciais entre os dois. Registre.

Passo 5: Agora, junte-se a outro par, compartilhe e encontre o consenso. Junte quartetos e repita o processo. Finalmente, organize-se em oito pessoas, até que chegue a um consenso de grupo.

Passo 6: Busca de artefatos - Revise o propósito da atividade com o grupo: fazer um inventário dos elementos da cultura e da infraestrutura que já estão dados e as lacunas onde é necessária infraestrutura. Faça com que os participantes escolham papéis na discussão: secretário, facilitador, cronometrista, etc. Certifique-se de que todos estão sentados suficientemente próximos do modelo, para verem o que está escrito, e reorganize os lugares se for necessário. Caminhe ao redor dos artefatos que está buscando, usando as seguintes definições para ter certeza de que todos entendem a tarefa.

- **Missão:** declaração de propósito: "Por que existimos, de que forma somos singulares, qual é a coisa mais importante em nosso trabalho".
- **Visão**: Uma descrição de nosso futuro preferido e da escola que queremos criar. Pode ser mais fácil fazer isso contando histórias de um dia na vida de um estudante e um professor em nossa escola futura.
- **Crenças e valores:** As declarações fundamentais daquilo que acreditamos e valorizamos. Pode ter a forma de afirmações do tipo "Concordamos" ou, possivelmente, uma constituição de valores. Estes são os princípios segundo os quais vivemos; o código de conduta que guia a forma como tratamos as pessoas cotidianamente.
- **Processo de planejamento/mudança:** Uma linguagem, modelo e pro-

cesso para toda a região, para conduzir a reforma e o aperfeiçoamento na comunicação.

• **Envolvimento entre atores:** Um mapa dos grupos constituintes atuais e emergentes e seus pontos de vista, além de uma estratégia para envolvê-los na mudança.

• **Varredura ambiental:** Uma imagem do ambiente externo que pode afetar a escola nos próximos 10 anos, incluindo tendências emergentes em tecnologia, política, economia, sistemas sociais, meio ambiente e na própria educação.

• **Mecanismo de feedback:** Processos para receber informações dos atores e usar tais respostas para aprender e melhorar.

• **Tela de radar:** Um inventário e calendário geral de todos os projetos e iniciativas de aperfeiçoamento na região escolar.

• **Marcos de sucesso e celebração:** Identificação de marcos de projetos em andamento, medidas de sucesso e formas de celebrar realizações importantes.

Passo 7: Para cada "artefato", determine (como grupo) se você sabe que ele existe e pode encontrá-lo. Concentre-se em estruturas organizacionais e processos visíveis: aquilo que você vê, ouve ou sente. Escreva na tabela de parede uma descrição curta de cada artefato, que pode incluir: sua idade, quando foi criado, por quem, com que propósito, o quanto é conhecido, seu uso, sua utilidade. Proporcione cinco minutos por artefato para descrever cada item e dar a ele um valor geral (Baixo = 1 a Alto = 5) para sua utilidade. Alguns artefatos levarão mais tempo que os outros. Se você tiver tempo extra, acrescente mais artefatos de sua escolha, que sejam importantes para o grupo.

Passo 8: Momento do questionamento: "Quais são os padrões importantes que vemos?" "Quais são as implicações para o trabalho que nos reunimos para fazer?" "O que devemos fazer – a longo prazo e a curto prazo – para melhorar nossas chances de sucesso?"

Este processo raramente é concluído em um dia. Muitas vezes, é possível limitar o pacto a várias possibilidades na primeira sessão. É importante que as pessoas tenham tempo para pensar sobre as várias versões antes de tentar atingir um consenso. Não se fixe em palavras, concentre-se no significado. Quando todos os membros concordarem com um significado geral para o pacto, uma pequena força-tarefa pode trabalhar em escrever, antes de compartilhar o pacto com os outros. O pacto sempre é um trabalho em andamento e deve ser revisitado regularmente, à medida que for usado para guiar práticas cotidianas.

18. JOGOS, NARRATIVAS E HUMOR: são ferramentas que podem ser utilizadas para revelar atitudes, devendo ser feito de forma planejada, estruturada e adequada ao momento histórico. Criam uma realidade mais compreensível e divertida e o seu uso é o reconhecimento de que toda a mudança não envolve apenas o saber científico, envolve também o saber fazer, saber conviver, saber ouvir, saber esperar, entre outros saberes. Com estas ferramentas, qualquer um pode ser o divulgador das histórias que sinalizam a mudança pretendida.

19. MATRIZ SWOT OU FOFA: É uma ferramenta muito utilizada para o planejamento estratégico de uma organização. Por meio dela consegue-se identificar os fatores internos que influenciam a empresa que são os pontos fortes e fracos, bem como os fatores externos que são as oportunidades e ameaças que pode enfrentar no mercado em que atua. A partir dessas informações a organização tem melhores condições de se preparar e elaborar um bom planejamento estratégico para manter-se mais competitiva. Mas e se pudéssemos aplicar essa ferramenta em nossa vida? Como seria se conseguíssemos fazer uma Análise SWOT Pessoal?

Essa seria uma excelente forma de construir a sua visão, se conhecer melhor e assim poder desenvolver de forma mais eficiente o seu potencial. Aproveitando a frase de Philip Kotler, podemos pensar que não existe um profissional sem oportunidades, mas sim despreparado e sem uma clara visão de sua vida, que muitas vezes não sabe onde está e muito menos aonde quer chegar ou como quer estar daqui a algum tempo. Claro, não é fácil determinar tudo isso, é preciso levar em consideração diversos fatores que nos influenciam, como as forças externas ou macro ambientais (econômicas, socioculturais, tecnológicas, mercadológicas) e num nível mais individual, as forças microambientais (formação, experiência, conhecimentos, capacidade de aprender, personalidade, aspectos financeiros). Como cada um tem sonhos, pensamentos diferentes, todos esses fatores causarão impactos distintos sobre cada pessoa. Entenda cada um dos pontos de uma Análise SWOT:

Strengths/Forças:

Quais são as suas vantagens como profissional? O que o mercado, sua empresa e seus colegas percebem como sua maior força? Qual o seu grau de esclarecimento e informação sobre o mundo ao redor? O que você faz de melhor? Qual o seu diferencial dentre os seus concorrentes?

Weaknesses/Fraquezas:

O que você pode melhorar? Que tipo de tarefa/atribuições você ainda não faz satisfatoriamente? O que deve ser evitado? Existem queixas de seu superior direto?

Opportunities/Oportunidades:

Existe alguma tendência do mercado que pode ser vista como o "pulo do gato" para você? Existe alguma área na qual você nunca esteve antes, mas pode investir e prestar um bom serviço ou oferecer um bom trabalho? Quais as verdadeiras oportunidades à mostra no mercado de trabalho atual? Invista em seu networking.

Threats/Ameaças:

Que obstáculos você pode prever? O que os outros profissionais como você estão fazendo? Há mudanças das competências necessárias para sua área de atuação? Você passa por problemas financeiros, de desenvolvimento ou algum outro não identificado? Você sente que, de forma geral, os seus concorrentes estão se fortalecendo? Existem outros fatores que podem impedir o seu sucesso na carreira?

Explore ao máximo essa ferramenta a seu favor. Pense por alguns minutos e faça uma boa **Análise SWOT** (quadro a seguir) de sua vida, você poderá perceber quantos benefícios trará para sua vida. A partir dela você terá mais condições de traçar um bom planejamento estratégico e definir com clareza aonde quer chegar e o que precisa fazer para isso.

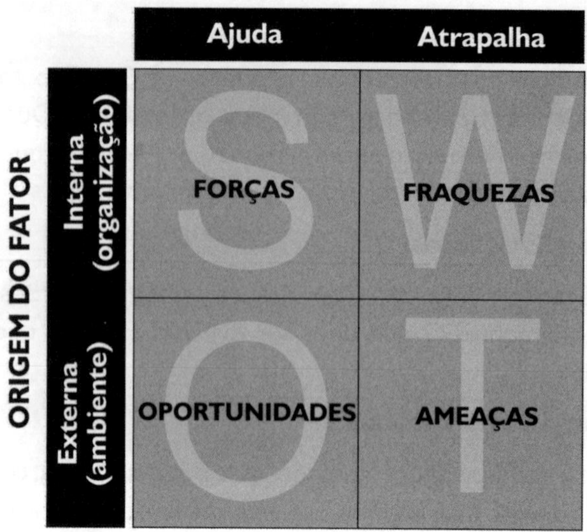

Ajuda
Atrapalha
ORIGEM DO FATOR
Interna (organização)
Externa (ambiente)
S
W
O
T
FORÇAS
FRAQUEZAS
OPORTUNIDADES
AMEAÇAS

20. DESIGN THINKING é o processo pelo qual designers criam soluções para problemas. O processo de Design sempre começa com uma pergunta que delimita ou amplia as possibilidades. Quanto melhor o designer, melhores são suas perguntas. Por exemplo, qual pergunta possui um maior número de possíveis soluções? Esta ferramenta oferece maneiras de se encontrar soluções inovadoras para problemas simples ou complexos. Por essa razão, o processo de Design Thinking vem sendo aplicado a diversas áreas além do design gráfico, design de produto etc. Hoje, já encontramos "Designers de Ideias" trabalhando com empresas de diversas indústrias, ONGs, governos, igrejas etc. Através de brainstorming, criação de ideias, experimentação e pesquisa, o Design Thinking torna o inimaginável uma realidade, envolve o seguinte roteiro: entender, observar, visualizar, avaliar/refinar e implementar.

6

Coaching Educacional:

um ateliê pedagógico em permanente construção

O que é

Ao perceber que cada vez mais estou interessada nos aprendizados que influenciam significativamente o comportamento humano e influenciada pelos dilemas das provocações ontológicas de como projetar um novo design para aprender o caminho do desenvolvimento de lideranças e do despertar dos talentos. Este design propõe uma reforma baseada no processo de reflexão na ação cuja capacidade de refletir seja estimulada através da interação com diferentes ferramentas em Grupos de Estudos, Encontros, Cursos, Oficinas, Workshops, Seminários, Fóruns, Jornadas e Reuniões apoiadas na multidisciplinaridade, na interdisciplinaridade e na transdisciplinaridade em busca do desenvolvimento de uma cultura de inovação que lhes proporcione pensar fora da caixa para inovar no modo de comunicar suas ações.

"Coaching Educacional - Ideias e estratégias para professores, pais e gestores que querem aumentar seu poder de persuasão e conhecimento" se apresenta como projeto disseminador de ideias e estratégias possível para encontrar respostas pedagógicas para as seguintes perguntas:

Como nos preparar para termos habilidade de, em momentos cruciais, dispormos de presença de espírito para encontrar a saída e liderar outras pessoas que dependem da nossa iniciativa?
Será que é possível nos soltarmos de todas as ideias e capacidades antigas que estão turvando o nosso julgamento, de modo a sermos capazes de identificar as mudanças necessárias, ajudar a promovê-las e obter reações positivas?
Como fazer com que a evolução ocorra naturalmente, que as pessoas façam as coisas certas, sem ser preciso que sejam controladas e desenvolvam as suas habilidades técnicas e humanas?
Como descobrir o ponto de apoio para, através de uma causa minúscula, alavancar o início de uma mudança gigantesca?
Como melhorar a nossa forma de pensar, que é a semente do todo?

Por quê

Um novo paradigma surge quando o anterior se revela insatisfatório, por outro lado, representa uma poderosa oportunidade de aprendizagem e evolução.

Para quem

Para professores, orientadores, coordenadores, diretores, pais, estudantes e curiosos que desejam potencializar e compartilhar seus propósitos pessoais entendendo a interdependência entre foco, vontade e capacidade e que o alinhamento entre conhecimento, habilidades, atitudes, valores e emoção é a ponte ao futuro desejado.

Para aqueles que têm que gerar um ambiente de cooperação, inovação e coragem nos seus ambientes de trabalho.

Para aqueles que reconhecem que as mudanças que estão acontecendo são fundamentais e exigem respostas e atitudes diferentes.

Para quê

Projetar um novo design com ações pedagógicas poderosas sustentadas para aprender a aprender, aprender a conhecer, o aprender a fazer, aprender a viver e aprender a ser facilitando o desenvolvimento de lideranças com uma visão transdisciplinar.

Como

Provocando o despertar do talento adormecido em cada pessoa para que seja desenvolvida conscientemente a **CHAVE - Conhecimento Habilidade Atitude Valores Emoção** para aprimorar o seu desempenho pessoal não apenas no ambiente corporativo, mas no todo que a vida envolve, alinhando **FOCO, VONTADE e CAPACIDADE,** observando a importância da **VONTADE, a LÓGICA INTERNA e MÉTODOS** sustentados nos quatro pilares de uma educação para o século XXI e suas implicações na prática pedagógica.

Avaliação

Avaliações ao longo da jornada, Projeto de Elaboração e Prática de Coaching.

Será usado o **IQP – Indicadores de Qualidade de Projeto,** uma Tecnologia Social certificada em 2005 pelo Banco do Brasil, elaborada pela equipe de educadores do Centro Popular de Cultura e Desenvolvimento – CPCD fundado por Tião Rocha, educador popular, antropólogo e folclorista. Desta forma, assim como praticado no CPCD o conceito de qualidade será formado pela somatória e interação de 12 índices, que se completam, mas podem ser observados e mensurados individualmente:

Apropriação: equilíbrio entre o desejado e o alcançado.
Esse indicador nos convida a dar tempo ao tempo, a não fazer do estresse um instrumento de ensino forçado, a respeitar o tempo de aprendizagem e o ritmo de metabolização do conhecimento de cada um;

Coerência: relação teoria/prática.
Esse indicador nos aponta a importância da relação equilibrada entre o conhecimento formal e acadêmico e o conhecimento não formal e empírico. Mostra-nos que ambos são importantes porque são relativos, nenhum superior ao outro, mas complementares;

Cooperação: espírito de equipe e solidariedade.
Esse indicador nos instiga a "operar com" o outro, nosso parceiro e sócio na mesma empreitada que é o ato educativo, incluindo a dimensão da solidariedade como base humana dos processos de ensino aprendizagem, tomando o outro como fundamental para a Educação ser algo plural.

Criatividade: inovação, animação/recreação.
Esse indicador nos provoca a criar o novo, a descobrir os caminhos obsoletos, a ousar andar na contra-mão do academicismo pedagógico "bolorento", a buscar soluções criativas e inovadoras para resolver velhos problemas;

Dinamismo: capacidade de autotransformação segundo as necessidades.
Esse indicador propõe que nos vejamos sempre como seres repletos de necessidades e em permanente busca de complementaridade. Viemos ao mundo para ser completos e não para ser perfeitos, que é atribuição do Divino.

Eficiência: identidade entre o fim e a necessidade.
Esse indicador nos convida a equilibrar as nossas energias, adequando os meios e recursos aos fins propostos. "Aprender a ser, aprender a fazer, aprender a conhecer e a aprender a conviver", são os quatro pilares da aprendizagem.

Estética: referência de beleza.
Esse indicador fala-nos do bom gosto e da busca do lado luminoso da vida. Se "a estética é a ética do futuro", segundo Domenico di Masi, precisamos reconstruir o conceito de estética que incorpore a luminosidade de todos os seres humanos, fontes e geradores de luz e de beleza;

Felicidade: sentir-se bem com o que temos e somos.
Esse indicador aponta-nos para a intransigente busca do ser feliz (e não do ter feliz), como razão principal do existir do ser humano;

Harmonia: respeito mútuo.
Esse indicador nos conclama a compreensão e a aceitação generosa do outro (meu igual, mas diferente) como contraparte do nosso processo de aprendizagem permanente e a incorporar os tempos passados e futuros ao nosso presente;

Oportunidade: possibilidade de opção.
Esse indicador nos apresenta o conceito contemporâneo de desenvolvimento (=geração de oportunidades) como meio e alternativa de construção de capital social. Quanto mais oportunidades formos capazes de gerar para os participantes de nossos projetos, mais opções, eles (e elas) terão para realizar suas potencialidades e suas utopias;

Protagonismo: participação nas decisões fundamentais.
Esse indicador nos fala de nossa possibilidade sempre presente para assumir os desafios, romper barreiras, ampliar os limites do possível, disponibilizar nossos saberes-fazeres-e-quereres, estar a frente do nosso tempo e participar integralmente da construção dos destinos humanos. O que cada um pode fazer? Queremos ser protagonistas de que peça, de que escola, de que país, de que sociedade?

Transformação: passagem de um estado para outro melhor.
Esse indicador traduza a nossa missão de passageiros pelo mundo, de inquilinos do "Paraíso", de propiciadores de mudanças, cuja responsabilidade é deixar para as gerações presentes e futuras, um mundo melhor do que aquele que encontramos e o que recebemos de nossos antecessores.

Norteada por esta matriz, serão elaboradas perguntas para que o impacto do projeto seja observado qualitativamente e quantitivamente, possibilitando uma leitura e análise crítica e um olhar sobre a prática dos participantes.

Certificados

Serão expedidos os seguintes certificados:

Cursos

- Certificado com chancela e reconhecimento, INeP – Instituto de Neurolinguística e Psicologia Aplicada, pela Faculdade Machado de Assis (Extensão Universitária) e pela Faculdades da Costa Verde.
- É exigida a entrega do Projeto de Coaching apresentando o desenvolvimento de uma ação concreta ou a concretizar-se, feito por meio de uma composição escrita aprofundada a respeito de um tema tratado de maneira descritiva e analítica, respondendo as perguntas que encabeçam o Projeto Coaching Educacional, além da frequência de 75% de acordo com a carga horária.

Seminários, workshops, grupos de estudos, reuniões, oficinas e encontros

- Certificado de participação.

Estrutura do Curso

• O Curso e Coaching tem a duração de 12 dias, divididos em 3 módulos de 4 dias, com atividades iniciando às 09:00 e terminando às 19:00h.

• A carga horária total é de 120 horas/aula, incluídos o planejamento e desenvolvimento do Projeto de Coaching.

Metodologia

• Programação Neurolinguística e seus Pressupostos
• Aulas Expositivas, Workshops, Dinâmicas de Grupo, Vivências, prática do processo de Coaching.
• Jogos de Empresa e Dinâmicas de Grupo.

Tópicos

1. Coaching Educacional e Programação Neurolinguística.
2. Coaching Educacional e Autonomia de Conhecimento.
3. Coaching Educacional e Endoquality.
4. Coaching Educacional e Liderança.
5. Coaching Educacional e Storytelling.
6. Coaching Educacional e a Caixa de Ferramentas.
7. Coaching Educacional e Didática.
8. Coaching Educacional e Inteligência Emocional.
9. Coaching Educacional e Orientação Profissional.
10. Coaching Educacional e Valores Humanos.

Apresentem os parceiros institucionais que queiram:

• Promover valores humanos no ambiente em que atuam.
• Educar para a paz.
• Promover os talentos dos seres humanos que atuam em suas organizações.
• Resgatar o sagrado no ato de educar pessoas.
• Quebrar paradigmas e cocriar uma nova forma de comunicar.
• Protagonizar um novo tempo e organizar meios e condições de promoção da cidadania valorizando pessoas.
• Investir no desenvolvimento das potencialidades daqueles que orientam quem orienta.
• Colaborar para que o espaço vivido no ambiente em que atuam seja para as pessoas um local de aquisição de conhecimentos e experiência de sentimentos.

- Redescobrir o poder de transformação por meio do diálogo estruturado.
- Atravessar os limites da aprendizagem.
- Educar a sua vontade.
- Saber da importância dos valores culturais para atingir o estágio desejado.
- Empoderar e energizar pessoas.
- Planejar e iniciar uma transformação pessoal.
- Provocar um impacto por meio da comunicação.
- Desenvolver e utilizar sua energia.
- Aprender a ouvir, aprender a aprender, descobrir, explorar, criar, comunicar e encantar pessoas.
- Ampliar suas possibilidades de experiência desenvolvendo novos sentidos para as vidas das pessoas, aumentando a capacidade de contato com elas mesmas, com outros e com os acontecimentos.
- Perceber o brilho no olhar das pessoas que atuam na organização.
- Transmitir a consciência de que precisamos da totalidade de nossos recursos internos mais vitais como a criatividade humana, paciência, coragem, resiliência, imaginação e empatia para atuar com simplicidade e sofisticação na reinvenção de nossos sistemas de trabalho como um todo para cocriar processos que servirão de base para os navegadores das máquinas do futuro, aqueles que governarão o planeta em tempos repletos de oportunidades, mas também de perigos e desafios – A JUVENTUDE.
- Introduzir a Programação Neurolinguística como ferramenta eficaz no treinamento das pessoas e na utilização dos estilos de pensamento ou mapas cognitivos para aprender a identificar a linguagem de qualquer pessoa para comunicar com integridade e sucesso.
- Ampliar o conhecimento da estrutura do pensamento, do poder da linguagem e das estratégias individuais que levam ao comportamento e ao estado emocional, melhorando a qualidade da performance de cada um por meio da Programação Neurolinguística.
- Identificar os melhores líderes da sua organização e modelar suas estratégias, a forma como pensam, criam e fazem acontecer e, a partir daí, construr mecanismos para a equipe obter resultados de sucesso.
- Atuar eficientemente no gerenciamento da resolução de conflitos, baseado na Programação Neurolinguística, lidando com valores, convicções e o mapa mental do outro, utilizando técnicas de nível sistêmico.
- Relacionamentos alinhados às ferramentas de comunicação que passam pela linguagem, pelo rapport, pela atenção ao feedback e pela comunicação efetiva.

• Uma formação desenhada de acordo com as necessidades das pessoas da sua organização.
• Uma variedade de abordagens pedagógicas do Coach Educacional nas mais diferentes áreas, incluindo a separação de técnicas e ferramentas mais adequadas para a criação de uma nova arquitetura de soluções de formação dirigidas as necessidades específicas da organização.
• Empregar a Programação Neurolinguística na ampliação das capacidade de comunicação, utilizando técnicas de apresentação, engenharia de persuasão e liderança, gestão de conflitos e relacionamentos
• Gerar impacto positivo na capacidade de tomada de decisão, motivação, autocontrole, criatividade, inteligência emocional e flexibilidade.

Segundo o renomado professor, escritor e consultor Venkat Ramaswamy, coautor, junto com C.K. Prahalad, do consagrado livro "O futuro da competição: cocriando valor único com os clientes": *muitas coisas mudaram nos últimos anos. Não sabemos o futuro, mas sabemos que há aspectos que estão fomentando uma revolução na comunicação. As pessoas comuns estão com acesso a uma grande estrutura de comunicação.*

A proposição ora apresentada é um diferencial estratégico, que sutilmente convida para cocriar o futuro desejado, liberando o poder criativo das pessoas para inovação das organizações. Para isso, Lauro de Oliveira Lima, em seu livreto "Mutações em educação segundo Mc Luhan",publicado em 1979, chama a atenção para a necessidade de mudanças na educação, por consequência das mudanças sociais e culturais, com a chegada de novos meios de comunicação e novas maneiras de se apropriar do conhecimento do mundo.

Para se criar valor se faz necessário uma nova forma de engajamento, baseada na busca de experiências e interatividade em uma perspectiva individual, onde a pessoa sinta que ela é O GRANDE PROJETO daquela organização.

Coaching Educacional, um ateliê pedagógico em construção permanente.

7

Alguns tecidos afetivos nesta jornada

Graça é multiprofissional! Criativa, inovadora, líder conectada. Trabalhamos juntas algumas boas vezes e aprendi com ela a realizar "em rede" e a garantir uma dinâmica diferenciada às ações propostas. Um bom profissional facilita resultados, mas um bom profissional vocacionado provoca o nosso crescimento; mesmo nas situações mais adversas. Fazer a diferença na vida dos outros é sintoma de sucesso!

Alessandra Maletzki Ramasine
Profissional dos Direitos Humanos, comprometida
c/a construção de políticas públicas para a juventude.

"Faça sua mágica Professor!". Nunca uma frase tinha mexido tanto com os meus brios como essa mexeu. Diante da minha inquietude como Professor e o meu desespero como Profissional da Educação no que diz respeito aos métodos que eu usava para alimentar de saber aos meus famintos alunos. Não é que aprendi a fazer "Mágica"? E não é a mágica da ilusão. É a mágica do respeito ao próximo, a mágica da aceitação das diferenças, a mágica de dividir o palco e fazer do aluno protagonista da sua própria história. Obrigado por me deixar "Mágico", Professora Graça Santos!

Evaristo Lisboa
Professor de Língua Estrangeira

Eu lembro de uma jovem que onde chegava logo irradiava com seu sorriso e sua energia de vida. Sua fala repleta de casos de vivências significativas demonstravam seu interesse genuíno pelo ser humano e seus processos evolutivos.

Pedagoga, Advogada
Reengenheira de Recursos Humanos/RJ

Totalmente inovador, porque você desperta o que existe de melhor dentro dos seus alunos, busca essência de cada um, qualidades que talvez nem eles acreditem ter. E ensinar como devemos aprender e como ensinar, ultrapassando as limitações visíveis de cada um, e colocar um pouco mais de graça na arte de viver.

Gilberto dos Santos
Aspirante de Professor de História
Ex-aluno/RJ

Despertar o professor para um outro olhar e maneira de "trabalhar" educação é muito mais difícil do que lecionar, ou seja, é preciso perspicácia para mostrar o caminho ao mesmo tempo que tira os ranços. Esta é sua tarefa, educação consciencial. Gratidão imensa por tê-la aqui no meu coração.

Escritora Ivone Gonçalves/SP

....

Penso na Graça e vejo-a como uma otimista. Ela enxerga oportunidades em cada dificuldade que encontra.

Francisco Velasquez
Professor de História/RJ

....

Graça Santos é alguém por quem tenho respeito e admiração. Educadora de primeiríssima linha, ama o que faz e o faz com competência.

Ana Celina de Azevedo
Professora/RJ

....

Seu trabalho no campo educacional é muito importante para todos os profissionais envolvidos com educação. Seu olhar nobre e espirituoso traz mais significado e ricas experiências para os que estão na linha de frente dessa empreitada. Escolas e Escolhas mais conscientes por uma Educação que integre todas as nossas potencialidades é o que sinto emanar desse trabalho.

Daniel Ramam
Terapeuta do Som/RJ

....

Que você transforme esta gratidão em ondas de luz e paz e que estas ondas energéticas sejam direcionadas para a HUMANIDADE em crise de toda ordem. O planeta carece de pensamentos positivos e ação no bem.

Evaldo de Souza Bittencourt
Mestre em Políticas Públicas e Formação Humana

"It's a gift". Tudo o que DEUS nos deu, nos fazem únicos "Obra Prima", tudo o que criamos é inspirador e tudo que inspira é arte. Ouvi há tempos uma frase, um questionamento ao pensamento utópico de mim mesmo, "A arte sou eu, a ciência somos nós!" E assim é VOCÊ, Graça Santos. ARTE, INSPIRADORA.

Max Souza
Coachee, aluno e aprendiz

Seu estilo de trabalho é de extrema importância para a nossa sociedade contemporânea, pois tem sido assinalada por diversas modificações de desempenho, através de seus projetos que se refletem intensivamente na área educacional, atravessando os muros das escolas para diferentes setores, como ONG's. empresas privadas como a da Construção civil, políticas, aplicando um novo cenário para a educação através de suas palestras, dando ênfase significante à educação não formal, quebrando paradigmas.

Fernando Silva
Engenheiro Civil/Segurança do Trabalho
CEO da Formalit Empresarial/SP

Há 26 anos observo atentamente a evolução da minha criatura amor mãe. Sempre, por onde ela passou, ela diferenciou. Na minha vida faz toda diferença. Inquieta, elétrica, incansável construtora do saber e do ser. Desenvolve a própria escolástica profissional que para ela é vital. Em maio de 1964, foi lançado um foguete. Seu nome: GRAÇA

Monique Souza

TRAMAS E FIOS VISITADOS

A cabeça bem feita
Repensar a reforma - Reformar o pensamento
Edgar Morin
8ª Edição - Editora Bertrand Brasil

Incentivando o amor pela leitura
Eugene H. Cramer / Marrieta Castle
Editora Artmed. Porto Alegre, 2001

No olho do furacão
Sobrevivência para organizações e indivíduos em tempos de caos
Brian Bacon / Ken O´Donnell
Bahia
Editora Casa da Qualidade, 1999

10 princípios para o empowerment
Um guia prático para a delegação de poder e a energização de pessoas
Editora Campus, RJ 2004

Coaching Executivo para resultados
O guia definitivo para o desenvolvimeto de líderes organizacionais
Brian O. Underhill / Kimcee McAnally / John J. Koriath
Editora LEAP, 2010/SP

PNL – Teorias técnicas e ferramentas da
Programação Neurolinguística
José Zaib / Mario Jorge Chagas
Editora Wak, 2012/RJ

Como trabalhamos com grupos
David E. Zimermam / Luiz Carlos Osorio e colaboradores
Editora Artes Médicas, 1997/Porto Alegre

Pedagogia 3000
Guía práctica para docentes, padres y uno mismo
El libro que Revoluciona la educación
Noemi Paymal
Escuela Filosófica Amawtica Wiñay Qhana
Amerrikkua
2007, Bolívia

Motivação
Como desenvolver e utilizar esta energia
Alfredo Pires de Castro / Valeria José Maria
Editora Campus, 1998/RJ

Psicologia de Teresa de Lisieux
Desenvolvimento humano de uma Doutora da Igreja
Luis Jorge González
Edições Paulinas, 1998/SP

Manual Completo de PNL
Estratégias de grandes especialistas da
Programação Neurolinguística para alcançar a excelência
André Percia / Maurício Sita
Editora Ser mais, 2012/SP

Tornar-se presente
Experimentos de crescimento em gestalt-terapia
9ª edição
Editora Summus, 1988/SP

Pedagogia da transgressão
Ruy Cezar do Espírito Santo
4ª edição
Editora Papirus, 2001/SP

A sabedoria do salgueiro
Jean-Yves leloup
Verus Editora, 2005/SP

Pedagogia da autonomia - Saberes necessários à prática educativa
Paulo Freire
30 edição
Paz e terra, 2004/SP

Educando o profissional reflexivo
Um novo design para o ensino e a aprendizagem
Donald A. Schön
Editora Artmed,200/Porto Alegre

Criateve-se
Um guia prático para turbinar o seu potencial criativo
Guy Claxton / Bill Lucas
Editora Gente, 2005/SP

Inteligência emocional
A teoria revolucionária que redefine o que é ser Inteligente
52ª edição
Daniel Goleman, PhD
Editora Objetiva

10 novas competências para ensinar
Philippe Perrenoud
Editora Artmed, 1999/SP

Transgressão e mudança na educação
Os projetos de trabalho
Fernando Hernández
Editora Artmed, 1998/Porto Alegre

A Clara e a Gema
O viver-na-escola e a formação de valores
Paulo Afonso Caruso Ronca / Carlos Luiz Gonçalves
Editora Edesplan, 1998/SP

Inteligências múltiplas - A teoria na prática
Howard Gardner
Artes Médicas, 1995/Porto Alegre

ARTIGO PUBLICADO NO TRAINING AND DEVELOPMENT JOURNAL
FONTE: LÍDER COACH – RHANDY DI STÉFANO
coachingsp.wordpress.com/tag/o-que-e-coaching/

www.jornalipanema.com.br/blogs/2/sergio-holtz/

www.efdeportes.com/efd88/coach.htm

carreiras.empregos.com.br/carreira/administracao/noticias/por-que-fazer-curso-coaching.shtm

www.abracoaching.com.br/2011/07/26/primeira-pesquisa-global-de-clientes-de-coaching-revela-alto-nivel-de-satisfacao/

blogsferas.wordpress.com/page/7/

Ignore algumas costuras tortas e continue...

Continue costurando!